集团型企业
劳动关系管理

陆敬波 著

中信出版集团 | 北京

图书在版编目（CIP）数据

集团型企业劳动关系管理 / 陆敬波著 . -- 北京：
中信出版社，2020.4
ISBN 978-7-5217-1572-9

Ⅰ . ①集… Ⅱ . ①陆… Ⅲ . ①企业集团 – 劳动关系 –
管理 – 研究 – 中国 Ⅳ . ① F279.244

中国版本图书馆 CIP 数据核字（2020）第 028136 号

集团型企业劳动关系管理

著　者：陆敬波
出版发行：中信出版集团股份有限公司
　　　　　（北京市朝阳区惠新东街甲 4 号富盛大厦 2 座　邮编　100029）
承 印 者：北京楠萍印刷有限公司

开　本：880mm×1230mm　1/32　　印　张：10　　　字　数：180 千字
版　次：2020 年 4 月第 1 版　　　　印　次：2020 年 4 月第 1 次印刷
广告经营许可证：京朝工商广字第 8087 号
书　号：ISBN 978-7-5217-1572-9
定　价：46.00 元

编写委员会

主　　编：陆敬波

撰 稿 人：江三角律师事务所集团劳动关系课题组

成　　员：（按撰写章节顺序排序）

　　　　　　陈思颖　曹心蓓　顾丽菲　刘　璐　岳丹辉

　　　　　　邵伟艳　孙　琳　黄　璠　屈晓蓉　崔亚娜

　　　　　　杨　喆　汪姣钰　白丽娟　王天怡

目　录

I

目 录

前　言

　　"集团"一词在企业界经历了新兴、时兴和常用三个阶段，目前处于常用阶段。现实中的集团数量众多、司空见惯。集团的共同特征非常明显。一是多主体。一两家企业成不了集团，当前成员企业有几百家的集团不在少数。二是跨区域。除少数集团的成员企业都在同一区域外，多数集团的成员企业分布在各地而形成跨区域特征。经济全球化则使得这一特征增加了国际化元素，尤其是我国"一带一路"倡议的提出，推动了大量的中国企业成长为国际性甚至全球化集团。三是关联性。各成员企业之间若无关联则无所谓集团，相互间存在的股权或控制管理等"血缘"或"婚姻"关系才使其成为"一家人"。四是上规模。集团若达不到法定规模，即便具备了前面三项特征，仍不属于真正意义上的集团。

　　正是这些特征使得集团区别于一般的企业，并受到了法律的一些特殊"关照"，如工商登记管理方面、关联交易的税收管理方面，特别是后者。相关的法律规范林林总总，对集团"财"和"物"的管理的重视程度可见一斑。但与此不相匹配的是，集团有关"人"的管理方面的专门法律规制和调整却几近空白。

　　其实，集团有关"人"的管理问题具有特殊性，较为突出的包括以下几点。第一，人员流动频繁且形式多样。这是由集团的关联性特征决定的，无论是基于主动的集团内部的人才优化配置，还是基于相对被动的集团内部的"关、停、并、转、迁"引起的员工安置，集团内"人"的流动比其他企业频繁，同时流动形式也更加多样——调动、借调、兼职、派遣等各种形式一应俱全。第二，用工关系不清，主体模糊。由于人员在集团内多主体间的频繁和多样性流动，加之我国当前相关劳动立法对于劳动关系的认定规则较为简单，集团内人员在流动过程中究竟与哪个成员企业存在劳动关系，即其用工主体究竟是谁，经常模糊不清。而这一基础问题的模糊会进一步导致诸多问题不清不楚，比如工龄的计算、社保的缴纳、工资的发放、合同的签订和解除、经济补偿金的支付、竞业限制的存续、服务期的效力等。实践中的大量劳动争议因此产生。第三，法规适用差异难以统一。集团既然是"一家人"，内部员工管理就自然具有"一致性"的要求，但这种"一致性"的要求在现实面前却往往难以得到满足，因为我国的劳动立法、司法和执法区域间割裂且差异显著，甚至地方性法规解释在近几年争先恐后、层出不穷。其中有相互一致的内容，更多的则是各有"特色"，比如社保、工资、休假、商业秘密保护、女职工保护、劳动合同的订立与解除、仲裁范围、仲裁时效、一裁终局等方面均有不同，甚至截然相反。我国劳动立法、司法和执法的这一重大特点加之法律本身具有的"刚性"特征，使得集团不得已放弃大部分"一致性"的要求，取而代之的是各成员企业"入乡随俗"，于是就出现了让集团当前颇为头痛却又难以改变的现象——"同一屋檐下，规则各不同"。第四，国际化使得上述三点更加突出。集团的国际化必然伴随着跨疆域、跨法域、跨文化等，而这些因素使得上述三点特殊性"指数"倍增。

集团中，"人"的管理问题的特殊性远不止上述四点，那么究竟有多少特殊性呢？这本身就是个不小的课题，但当下对于此课题的研究可谓乏善可陈，或许正是研究的匮乏导致了相关法律规制和调整的缺位。但无论有没有研究，也无论有没有相应的法律规制和调整，这些特殊性都是客观存在的，只是区别在于：若有充分的研究和相应的法律规制和调整，那么这些客观存在不会或较少给集团管理造成麻烦；反之，它们则会让集团不胜其烦，而这恰恰是当下的现实。

这种现实需要改变。这已经不仅仅是各集团的共识，而且是各集团一致的、不断高涨的呼声。立法及其完善不可能说有就有，但相关的研究可以先行。这些研究一方面可以为今后的立法及其完善做好铺垫和支撑，另一方面可以在现有的立法框架内为相关司法和执法部门提供参考。这些研究还有另外一项重要价值，即可为各集团在当下进行相关"人"的管理工作时释疑解惑，支着儿给力，化解风险。

基于这一共识和自身的使命，江三角律师事务所多位长期为集团提供劳动和人力资源法律服务的资深律师，决定奉献出自己多年来积累的宝贵经验和研究所得。首先，我们进行了大量细致的问卷和走访调研，受调研集团逾300家，所调研问题120个有余；其次，我们做了大量真实案例的研析和归纳；再次，我们针对全国各主要地区的劳动立法、司法和执法的异同进行了分类对比；最后，我们借力理论界的专家对理论方面的内容进行了把关和提炼。

以上所列的调研成果、案例研析归纳成果，各地劳动立法、司法和执法对比成果，以及对理论内容的把关和提炼成果，经分门别类最终汇集成本书。因此，本书是实实在在的集体智慧的结晶。同时，本书的独特优势体现在其两大特点之中。第一大特点是系统性。本书第一次系统、全面地对集团跨区域劳动关系管理的法律问题进行了深入细致的研究，并形成了体系，而以往相关的研究几近空白，即使有，也多是零散而不成系统的。第二大特点是实用性。"理论与实务相结合，更加突出实务"，这是我们几位作者自研究之初即确定的原则。所谓实务，主要是指为相关司法和执法部门，尤其是集团的实际工作，提供资料、观点、意见、建议和方案等。

本书是作者们多年实践经验和研究成果的汇集，他们分别是陈思颖、曹心蓓、顾丽菲、刘璐、岳丹辉、邵伟艳、孙琳、黄璠、屈晓蓉、崔亚娜、杨喆、汪姣钰、白丽娟、王天怡，以及域外劳动法中心。本书统稿由熊海强、潘云礼、刘晓艳和岳丹辉完成。在此，我们对作者和统稿人员一并表示衷心的感谢并致以崇高的敬意！配合本书的出版，更高层次、更富深度、更多专业人士参与的沙龙、研讨会和论坛将一一举办，更多更优秀的研究成果也将逐步呈现。我们衷心希望作为读者的你一同参与进来，因为你的意见和建议对于集团型企业劳动关系管理课题的进一步研究和应用至关重要！

陆敬波于 2019 年 11 月

第一章
劳动关系确认

劳动关系的确认，直接关系到用人单位和劳动者各项权益的实现。因为劳动领域的法律法规及地方规范性文件对劳动者和用人单位的相关权利义务规范的前提是，双方之间存在合法有效的劳动关系。例如，《中华人民共和国工会法》、《劳动保障监察条例》、《工伤保险条例》、《中华人民共和国劳动合同法》和《中华人民共和国社会保险法》等，都对劳动关系的成立及双方权利义务等做了相应规定。在集团型企业劳动关系管理中，劳动关系的归属与认定是人事管理中的难点与痛点，因为与劳动关系相对应的则是用人单位法律责任承担的问题。可以说，劳动关系的确认是确定劳资双方权利义务的基石，也是用人单位人事管理的起点和终点。

第一节　案例呈现

一、基本案情

北京市WG科技有限公司（以下简称"北京WG公司"）旗下有全资子公司WG咨询服务公司（以下简称"WG咨询公司"）和若干分公司。其中一家分公司为WG上海分公司（以下简称"上海分公司"）。此外，北京WG公司的股东之一张女士，开设了一家HF劳务派遣公司（以下简称"HF劳务公司"）。

李某担任上海分公司经理。2017年11月27日，北京WG公司发给李某《劳动关系解除通知书》。《劳动关系解除通知书》称："因为上海分公司业务调整，原劳动合同订立时所依据的客观情况发生重大变化，劳动合同无法继续履行。鉴于双方未能就变更劳动合同内容达成协议，现公司单方解除与您的劳动关系。"

李某在收到该通知后，立即与北京WG公司沟通，详细说明其在公司的贡献及个人立场。此后，双方协商达成如下一致意见：北京WG公司撤销该《劳动关系解除通知书》；李某与HF劳务公司订立劳动合同，合同约定派遣李某至WG咨询公司工作，岗位及待遇由北京WG公司全权负责。合同亦约定，李某在WG咨询公司从事销售管理工作。2018年3月，北京WG公司以李某在职期间存在商业贿赂的违规行为，严重违反了公司的规章制度，发出《劳动关系解除通知书》辞退李某。李某不服遂申请劳动仲裁，要求北京WG公司支付违法解除劳动合同的经济赔偿金并补发未足额发放的提成工资等。

二、争议焦点

本案中，李某涉及在多家关联公司之间调动，其劳动关系的认定需厘清以下问题：

1. 李某在各个阶段中，究竟是与哪家公司建立了法律上的劳动关系？

2. "严重违反了公司的规章制度"中所指的"规章制度"应以哪家公司的制度为准？

3. 李某第二次签订劳动合同的薪酬福利应当依据哪家公司的薪酬制度进行计算？

三、案件简析

上述案例是国内集团型企业中较为常见的一种用工现象，即订立合同的是一个独立法人，实际用工的是另一个独立法人，而工资福利及社保费用的缴纳可能又是另一家关联企业（一般也具有独立法人资格）。这种用工模式若没有发生争议，那么仅仅会影响集团型企业内部管理的效率。这种用工模式一旦形成劳动争议案件，问题就接踵而来：哪个法人才是适格的主体？劳动者应当被哪个法人的劳动纪律、规章制度管理和约束？劳动者的薪酬福利或业绩考核应当由哪个法人负责？等等。而回答这些问题的关键是，厘清劳动者劳动关系的归属，即企业人力资源管理中的核心问题——劳动关系的确认。

从上述分析可看出，劳动关系的确认在劳资纠纷的处理中具有基础性意义，尤其是在关联性企业间发生的种种错综复杂的劳资关系中。因此，下一节将通过对劳动关系的概念、劳动关系的确认及其运用等问题的阐述，对前述案例引申出来的争议焦点逐一做出解答或提示。

第二节　劳动关系的概念

一、劳动关系的定义

劳动关系是指劳动者与用人单位（包括各类企业、个体工商户、事业单位等）在实现劳动过程中建立的社会经济关系。从广义上讲，生活在城市和农村的任何劳动者与任何性质的用人单位之间因从事劳动而结成的社会关系都属于劳动关系的范畴。从狭义上讲，现实经济生活中的劳动关系是指依照国家劳动法律法规规范的劳动法律关系，即双方当事人是被一定的劳动法律规范规定和确认的权利和义务联系在一起的，其权利和义务的实现是由国家强制力来保障的。劳动法律关系的一方（劳动者）必须加入某一个用人单位，成为该单位的一员，并参加单位的生产劳动，遵守单位内部的劳动规则；而另一方（用人单位）则必须按照劳动者的劳动数量或质量给付其报酬，提供工作条件，并不断改进劳动者的物质文化生活。

二、与其他法律关系的区别

在日常生活中，劳动关系常与劳务关系、劳务派遣、委托代理等法律关系混淆。因此，要想准确把握劳动关系的内涵，我们还需要将劳动关系与其他法律关系进行必要的区分与比较。

（一）与劳务关系的区别①

劳务关系是指两个或两个以上的平等主体之间，就劳务事项进行等价交换过程中形成的一种经济关系。劳务关系是受《中华人民共和国民法总则》《中华人民共和国民法通则》《中华人民共和国合同法》等普通民事法律调整的法律关系。

在日常人事管理中，劳动关系与劳务关系非常容易混淆。例如，企业退休返聘人员、在校生利用课余时间在企业实习、企业为了节约用工成本而使用的外包工等等，要辨别这些人员与企业之间属于劳动关系还是劳务关系，我们将从劳动关系与劳务关系的区别及联系进行分析。

1. 主体上的区别

从主体来看，劳动关系和劳务关系主要存在以下区别：

一是主体资格不同。在劳动关系的主体中，必须有一方是法人或组织，即法律上规定的用人单位，另一方是劳动者个人。也

---

① 杨德敏.论劳动关系与劳务关系 [J]. 河北法学，2005，23（7）：140-143.

就是说，劳动关系的主体不能同时都是普通自然人①。而劳务关系的主体类型较多，不具有特定性，两者或两者以上当事人可以同时都是法人、组织、自然人，也可以是公民与法人、组织。此外，劳动关系中的劳动者一般必须是16周岁以上没有完全丧失劳动能力的自然人；劳务关系中被雇用主体一方比较宽泛，具备民事行为能力即可。

二是主体间的关系不同。劳动关系的双方主体间不仅存在财产关系，还存在着特定的人身关系，即存在一定的行政隶属关系——劳动者除提供劳动之外，还要受用人单位的管理，服从其安排，遵守其规章制度等，成为用人单位的职工。劳务关系的双方主体之间只存在平等的财产关系，彼此之间无人身从属性，也不存在行政隶属关系——被雇用人提供劳务服务，雇主支付劳务报酬，各自独立、地位平等。

三是主体的待遇不同。劳动关系中的劳动者除获得工资报酬外，还依法享有社会保险、福利待遇、休息休假、劳动安全卫生等方面的权利。劳务关系中的被雇用人一般只获得劳务报酬。劳务关系中的劳务价格是按等价有偿的市场原则支付的，完全由双方当事人协商确定；而劳动合同中薪酬的确定除了双方协商外，还可以依据用人单位与劳动者之间订立的集体合同确定，同时必须满足国家有关各地最低工资标准的规定。

---

① 个体工商户除外。劳动部《关于贯彻执行〈中华人民共和国劳动法〉若干问题的意见》明确："劳动法第二条中的'个体经济组织'是指一般雇工在七人以下的个体工商户。"因此，经过合法注册且具有营业执照的个体工商户是合法的用工主体，可以与普通自然人建立劳动关系。——编者注

2. 内容上的区别

从内容来看，劳动关系和劳务关系的区别如下：

一是雇主的义务不尽相同。劳动关系的履行贯穿着国家的干预。为了保护劳动者，《中华人民共和国劳动法》《中华人民共和国劳动合同法》《中华人民共和国社会保险法》等劳动法律法规给用人单位强制性地规定了许多义务，如必须为劳动者依法缴纳社会保险，支付给劳动者的工资不得低于当地最低工资标准，这些必须履行的法定义务，不得协商变通。而劳务关系中的雇主没有上述强制性义务，雇佣双方遵从平等自愿、协商一致的原则。

二是合同内容的任意性程度不同。劳动关系中的劳动合同主要条款由法律明确规定，不能全部由当事人协商，如用人单位要为劳动者提供符合国家规定的劳动条件和劳动保护用品等强制性内容。但劳务关系中的劳务合同可由双方当事人在不违背法律和行政法规强制性、禁止性规定的情况下自由协商，任意性较强。

3. 法律适用及法律责任承担上的区别

从法律适用及法律责任的承担来看，劳动关系的调整主要适用《中华人民共和国劳动法》《中华人民共和国劳动合同法》等劳动法律规范，而劳务关系一般由民事法律规范调整，如《中华人民共和国民法通则》等。从违反合同规定时应承担的法律责任来看，违反劳务合同的规定，一般只需要承担相应的民事责任，如违约责任或侵权责任等；而违反劳动合同的规定所产生的责任不仅有民事上的责任，还有行政上的责任，如果用人单位支付劳动者的工资低于当地的最低工资标准，那么劳动行政部门可责令用人单位限期补足低于标准部分的工资，拒绝支付的用人单位，劳动行政部门还可对其做出警告等行政处分。

4. 争议解决机制上的区别

从争议解决的方式来看，劳动关系纠纷和劳务关系纠纷都可以通过诉讼方式加以解决。不同之处在于：在劳动关系纠纷发生后，当事人应先到用人单位所在地或劳动合同履行地所在的劳动仲裁委员会申请仲裁，双方当事人对仲裁裁决不服的，可以在法定期限内到人民法院起诉，即劳动仲裁是处理劳动关系争议的前置程序；而劳务关系纠纷的解决不需要经过劳动仲裁，双方当事人发生争议的，可直接到有管辖权的人民法院提起诉讼。

（二）与劳务派遣关系的区别

劳务派遣，又称人才租赁或劳动力租赁，一般是指由劳务派遣机构与派遣劳工订立劳动合同，由派遣劳工向有需求的企业（用工单位）提供劳务，劳动合同关系存在于劳务派遣机构与被派遣劳动者之间，而劳务给付的事实则发生于被派遣劳动者与用工单位之间。劳务派遣这种用工模式，具有成本较低、管理便捷、纠纷较少等特点，在关联性企业、国有企业、事业单位中被大量使用。

与一般的劳动合同关系不同，劳务派遣同时存在三方主体，即被派遣劳动者、劳务派遣机构（我们通常所称的"用人单位"）与实际用工单位，三者之间存在多重关系。其中，被派遣劳务者与劳务派遣机构之间为劳动关系，与用工单位的关系则为劳务派遣关系而不是劳动关系。当然，用工单位仍需要根据《中华人民共和国劳动法》《中华人民共和国劳动合同法》《劳务派遣暂行规定》的相关规定依法保护被派遣劳动者的合法权益。《中华人民共和国劳动合同法》第九十二条明确规定，劳务派遣单位违反本法规定，给被派遣劳动者造成损害的，劳务派遣单位与用工单位承担连带赔偿责任。

集团型企业在使用劳务派遣用工方式时，应注意以下方面。

1. 劳务派遣岗位的设立应符合一定的要求

劳务派遣岗位应当是临时性、辅助性或者替代性的工作岗位。在现实中，部分用人单位基于便利或者规避订立无固定期限合同的责任等因素的考虑而大量使用被劳务派遣的劳动者。以上海市为例，当前上海市劳务派遣用工市场呈现三个方面的特征。其一，行业分布广。劳务派遣工遍布各行各业，包括各类企业、学校、医院和事业单位，涉及的职业、岗位门类齐全，甚至一些党政机关及其所属的事业单位也在大批量使用劳务派遣工。为了降低用工成本，不少用工单位采取能用劳务派遣工就尽量不用劳动合同工的策略。其二，人员范围大。劳务派遣工的使用几乎不分户籍，不分年龄，不分文化程度，不分技能素质，甚至许多刚刚走出大学校门的大学生也被纳入劳务派遣工的行列。其三，大量劳务派遣人员不符合"三性"。上海市总工会对劳务派遣情况连续多年的跟踪调查显示，在使用劳务派遣工的岗位中，真正符合国家法律法规规定的"三性"要求的比例较小。最新一次调查显示，58%的劳务工认为自己的岗位是固定的，17%的劳务工认为自己的岗位是长期的，认为自己的岗位是临时性、辅助性和替代性的分别只有18.5%、13.6%和4.1%。[①]该种现象不仅不符合劳动合同法立法精神，也不利于企业劳动关系的稳定和发展。

2. 用人单位不得设立劳务派遣单位向本单位或者所属单位派遣劳动者

在本章的"案例呈现"中，尽管北京WG公司没有直接设立HF劳务公司，但是HF劳务公司的股东也是北京WG公司的股东之一，北京WG公司和HF劳务公司存在一定的关联关系。若从《中华人民共和国劳动合同法》中对劳务派遣机构严格限制的角度来理解，HF劳务公司向北京WG公司、WG咨询公司派遣劳动者有违反《中华人民共和国劳动合同法》之嫌。

3. 连带责任的承担

《中华人民共和国劳动合同法》第九十二条规定，劳务派遣单位违反本法规定，给被派遣劳动者造成损害的，劳务派遣单位与用工单位承担连带赔偿责任。因此，在一般情况下，派遣单位与用工单位承担连带责任。然而，有些用工单位为了规避法律风险而选择了劳务派遣的用工形式，但如果发生劳务派遣单位没有派遣资质导致派遣合同无效等问题，那么可能发生劳动者与用工单位之间被认定为劳动关系的情况。这种违法派遣的直接后果是，由实际用工单位承担全部的法律责任。

[①] 详见新浪网：http://news.sina.com.cn/c/2011-01-18/075821832415.shtml（新浪网转载《中国青年报》），2019年3月最后访问。

（三）与委托关系的区别

委托合同是受托人以委托人名义和费用办理委托事务的协议，常见的委托有保险代理、承揽、上门定做加工等。

劳动关系和委托关系的区别，可以概括为如下方面：

- 建立法律关系的目的不同。建立劳动关系的目的在于提供劳动以满足用人单位的需求；而建立委托关系的目的是委托人期望受托人完成一定的工作成果，虽然也涉及受托人付出一定的劳动，但其核心目的不在于提供劳动。
- 是否获得报酬以及报酬的支付方式等不同。在劳动关系中，只要劳动者提供了劳动，劳动者就有权利获得劳动报酬，且劳动报酬的支付金额和周期等均有明确的法律规定；而在委托关系中，受托人是否能取得报酬主要看双方是否有相应的约定，双方可以签订有偿合同也可以签订无偿合同，报酬的数额与支付方式均由双方自主协商，国家不做强制性干预。
- 是否具备身份的从属性不同。劳动关系要求劳动者遵守单位的规章制度，具有一定的人身属性；而委托关系的双方是相互独立且平等的主体。

第三节　劳动关系的确认及其运用

在实践中，认定劳动者与企业之间是否存在劳动关系，一般从以下三个方面进行考虑：（1）劳动者已实际付出劳动并从用人单位取得劳动报酬；（2）用人单位对劳动者实施了管理、指挥、监督的职能；（3）劳动者接受用人单位劳动纪律和规章制度的约束。当符合上述三个要件时，劳动者与该企业之间即可被认定为存在劳动关系。

在日常的人力资源管理中，在劳动关系确认之后，企业还可以秉持"谁招、谁用、谁负责"的原则，从而厘清集团型企业内部之间的权利义务关系。这样一来可以避免员工出现"姥姥不疼、舅舅不爱"的局面，二来也避免了员工面对多重管理无所适从的现象。在发生劳动争议时，与劳动者建立劳动关系的主体是谁，直接决定着当劳动者向人民法院提起诉讼时，应由谁应诉、抗辩，以及若案件败诉，由谁承担相应的法律后果。

劳动关系的管理应以集团型企业内部劳动关系的确认为起点。集团型企业应根据自身的实际情况，如人力成本、管理能力等，确定劳动关系的归属；在劳动关系归属确定之后，以此为核心展开人力资源管理过程中的各项活动——招聘、合同签订、绩效考核等，从而确定集团内部各单位的权责。

一、招聘的管理

招聘也称"招人""招新"。就字面而言，招聘是指某主体为实现或完成某个目标或任务而进行的择人活动。由于集团型企业规模大、在行业间或地域间分布广、人员流动数量大以及自身业务的不断扩展等多重因素，定期补充新人成为其发展过程中不可或缺的需求。为了发挥规模效应及提高效率，集团型企业往往在招聘的时候，采用组团的方式前往招聘会现场或者校园大量招人。组团招聘中容易产生的问题是：求职者在投递简历时，往往缺乏针对性，或者对意向工作地点、工作岗位及薪资待遇等内容缺乏与用人单位的充分沟通，这既浪费了求职者的时间和精力，又使得用人单位无法对求职者进行充分且有针对性的筛选。

集团型企业在招聘中，应当首先在集团内部明确招聘组织方，然后针对具体职位向求职者做详细介绍和说明；其次要根据各用人单位要求对应聘候选人进行筛选，在录用人选确定后，向他们发放录取通知。需要注意的是，录取通知的发出主体必须与先前确定的招聘组织方一致。总之，宣讲、招聘广告或简章、面试、录取通知、签订劳动合同的对外主体必须一致，这既保证了集团型企业在人力资源管理上的统一和规范性，也有效保障了求职者的知情权和选择权，有利于实现职场供求双向选择的高效率。

二、劳动合同的签订

劳动合同是劳动者与用人单位之间确立劳动关系、明确双方权利和义务的协议。对于明确双方权利义务最为核心的协议，《中华人民共和国劳动法》和《中华人民共和国劳动合同法》都明确要求劳动合同在内容上必须具备以下条款：用人单位的名称、住所和法定代表人或者主要负责人，劳动者的姓名、住址和居民身份证或者其他有效身份证件号码，劳动合同期限，工作内容和工作地点，工作时间和休息休假，劳动报酬，社会保险，劳动保护、劳动条件和职业危害防护，以及法律、法规规定应当纳入劳动合同的其他事项。除前款规定的必备条款外，用人单位与劳动者可以约定试用期、培训、保守秘密、补充保险和福利待遇等其他事项。为便于日后的人力资源管理，集团型企业应当慎重厘定与劳动者签订劳动合同的主体。

三、绩效的考核与评定

绩效考核也称成绩或成果测评，是指企业为了实现生产经营目的，运用特定的标准和指标，采取科学的方法，对承担生产经营过程及结果的各级管理人员完成指定任务的工作实绩和由此带来的诸多效果做出价值判断的过程。广义的绩效考核还包括劳动者对劳动纪律等规章制度的遵守情况。

作为评价劳动者业绩的一种重要考核方式，绩效考核往往和被考核人员的薪酬挂钩。集团型企业员工在被招用后，很可能为集团型企业内部多个关联公司服务，如以借调等形式。因此，员工在不同岗位服务时的绩效应如何考核，可能会成为集团型企业人力资源管理中的难点。若按照"属人原则"，即按员工的归属关系对其进行考核，那么当员工外出为其他关联企业工作时，其隶属单位对其业绩表现实行考核则不现实；若按照"属地原则"，即由员工实际工作地所在单位对其进行考核，那么员工遵守规章制度的情况、业务表现具体由哪个部门考核，员工所属单位与实际工作地所在单位之间如何协调，员工受到不公正待遇如何申诉，等等，这些问题都需要集团型企业给予进一步的厘清和规范。笔者建议集团型企业可以紧扣劳动关系这一核心，即采取以

"属人原则"为主的绩效考核方式，辅之以"属地原则"考核方式，即使部分员工前往关联企业"帮工"，也可以通过事先在员工的绩效考核中设定"委托考评"模式，即由员工所在单位委托关联企业根据员工临时支持岗位的绩效要求进行考评。

在前述案例中，既然北京WG公司声称员工李某严重违反单位规章制度，那么作为用工单位，它对于规章制度的部分应依次确认以下事实并进行举证：（1）李某的工作行为适用哪一家的规章制度；（2）李某的行为违反了规章制度的哪一条款；（3）该规章制度在制定时是否依法履行民主程序；（4）该规章制度是否告知过李某。基于类似案例的经验和教训，笔者建议，在关联企业之间派员"支持帮忙"，可以通过事先在规章制度中明确规定"当员工被派驻关联企业提供支持时，该企业的规章制度视为本单位的规章制度，亦需遵守，但仅以关联企业规章制度向员工具体书面示明为限"。这一条款可以避免集团型企业中的用工单位无法管束派员的实际问题，也防止了用工单位因"手伸得太长"而干扰用人单位的管理和约束。

四、薪酬的计算与发放

集团型企业员工的工资，有的是由集团总公司直接支付的，有的是由集团下属各公司自行支付的。在实践中，对于集团型企业或关联性企业之间经常借调员工的情形，员工出勤时间的考勤、工资的核算都需要集团型企业或关联性企业做出明确的规定或约定。

例如，某集团公司是专门从事保险柜加工生产的一家知名企业，其在上海的A公司主要负责新产品的研发和设计，而在江苏省南通市的B公司则负责产品的生产制造。为了更好地生产经营，A公司需要派相关技术人员甲前往B公司指导生产，同时由于B公司对生产质量的重视，也经常邀请甲在休息日过来指导工作。由此，就会产生以下问题：（1）在休息日去指导工作时，员工甲应当向谁主张劳动报酬？劳动报酬的性质是工资所得还是劳务所得？（2）如果该部分薪资或报酬由A公司发放或代为发放，那么该部分薪资是否计入员工甲应缴纳社保的基数？

在该案例中，甲的劳动关系是与A公司合法建立的，那么其所有的劳动报酬都应当由A计算并发放。至于甲在休息日提供劳动，看似是对B指导工作，向B提供劳动，但本质上是出于A公司的生产经营需要，因此员工甲实际还是在为A提供劳动。A公司指派甲至B公司指导生产可以被视为将一部分的用人单位管理权转移给了B，甲接受B公司要求休息日工作可以被视为从事用人单位所安排的工作，因此用人单位的责任还是由A公司承担。综上所述，案例中的问题便可迎刃而解：甲在休息日工作时，仍应向A主张劳动报酬，劳动报酬的性质为工资所得；该薪资由A发放，仍应计入甲应缴纳社保的基数。

五、社保的缴纳

《中华人民共和国社会保险法》对社保的缴纳、流转及待遇问题做了框架性的规定。集团型企业在根据《中华人民共和国社会保险法》及时调整单位内部社保政策的同时，也需要注意各区域间的政策差异及相关制度前后的衔接。

部分地方政府严格规定，社会保险费应由用人单位或委托专业劳务机构依法缴纳，关联企业间不得随意委托缴纳，由此产生的后果亦由违法委托的用人单位自行承担。所以，集团型企业不能想当然地相互代为缴纳员工的社保，即使该企业在某地没有相关的办事机构或办事机构不具备办理社保手续的资质，而员工坚持在当地缴纳社保的，也可能需要委托当地有资质的劳务机构代为缴纳。

六、退工的办理

退工的办理也是人力资源管理中的重要一环。退工手续是用人单位与劳动者之间劳动关系终结的必备环节。用人单位应在劳动关系终结后给员工依法办理退工手续。集团型企业应该根据先前诸多环节确定的用工主体而明确办理退工手续的主体和时间。如果用人单位未能及时给员工办理退工手续，那么用人单位需依法承担法律责任。

第四节 律师建议

在确认劳动关系时，我们首先要将其区别于劳务关系、劳务派遣、委托代理等法律关系，然后需厘清劳动关系归属的主体，最后才是基于劳动关系确认的结果进行对应的人力资源管理。

在劳动争议案件的实践中，由于集团型企业和关联性企业之间员工借用或借调的情形较为频繁，证据材料中的表现往往也较为复杂。在仲裁或诉讼过程中，常见的劳动者用来证明劳动关系的证据有如下几种：

- 招聘录用通知函。
- 劳动合同或劳务派遣协议。
- 工资支付凭证或记录（职工工资发放花名册）。
- 缴纳各项社会保险费的记录。
- "工作证""服务证"等能够证明身份的证件。
- "登记表""报名表"等入职手续相关记录。
- 考勤记录。
- 奖励证书或集团工龄奖励证明。
- 档案的托管情况。
- 其他劳动者的证言等。

上述证据材料指向的用人单位往往可能是两个或两个以上的主体。在具体的案件中，我们需结合劳动者如何受约束管理、向谁提供劳务获取报酬等因素，确定劳动关系的最终归属。劳动人事争议仲裁委员会或法院在审理和认定过程中，也会结合案件的具体情况进行综合判断。用人单位应避免在此类案件中出现主体身份的争议，因此应在日常人力资源管理中有所区隔，明确劳动关系归属和各关联单位的权责，避免出现"无人问津"或"多重领导"的乱象。

综上所述，劳动关系及其主体的确认，是人力资源合规管理的基础，是预防和解决劳动纠纷的前提条件。集团型企业内部需要首先充分认识到劳动关系确认的重要性，并根据生产经营特点，确定劳动关系的归属；然后以劳动关系为核心展开招聘、绩效考核等工作，既要避免多重领导，又要避免无人问津。

第二章

规章制度制定

　　规章制度（包括对员工的奖惩制度）是用人单位制定的、劳动者在劳动过程中必须遵守和履行的规则。用人单位根据规章制度对违纪员工进行处分，是用人单位用人管理权的体现。那么，企业尤其是集团型企业在规章制度的制定中应注意什么呢？分公司或子公司可否使用集团型企业的规章制度对员工进行管理呢？笔者将围绕以上问题进行论述。

第一节　案情介绍

　　朱某系某集团公司一家分公司的销售人员，其与分公司的劳动合同中明确载明朱某收到集团公司的《员工手册》，并有义务遵守。

　　2017年年底合规审计，分公司发现朱某存在报销金额畸高、多次出现不同日期的报销所附餐饮发票为联号，以及部分宴请费用的发生时间为周末的情况，因此分公司初步判定朱某涉嫌问题报销，并进一步做了合规调查。

在调查环节，经比对朱某在工作地外的出差记录和在工作地内的报销记录，分公司发现，在已经审批且支付费用的报销单据中，朱某提交的21张工作地内交通费（出租车）和4张市内餐饮票据上显示的时间明显有问题，因为该时间朱某实际在出差途中。因此，分公司判定朱某涉及虚假报销，遂根据集团公司《员工手册》中的立即解雇条款"虚报各种记录和单据"，单方解除了与朱某的劳动合同。

朱某不服分公司的单方解除决定，认为其解除违法，即向当地劳动人事争议仲裁委员会申请劳动仲裁。仲裁裁决驳回了朱某的仲裁请求，认为分公司的解除行为有事实及制度依据。此案后经一审、二审，均认定公司合法解除。

第二节　案情分析

本案涉及集团型企业员工违纪问题的处理，尤其是处理依据。这一问题是用人单位在履行劳动合同过程中经常遇到的问题，也是用人单位感到棘手的问题。企业在什么情况下可以给予员工处分呢？给予什么样的处分最合适呢？处分的依据是什么呢？母（总）公司的规章制度是否可以作为处分子（分）公司员工的依据呢？公司规章制度是否经过了民主程序呢？

一、规章制度的重要性和有效性

"不以规矩，不能成方圆"，任何企业的良好运行都要维持基本的秩序，社会化大生产更加注重组织分工，因此保持正常的生产管理秩序是企业发展的内在需要。为此，用人单位通过劳动纪律、规章制度、职责分工、命令指挥等方式从各个角度维持单位的生产秩序。当劳动者的行为和单位秩序不兼容时，用人单位不得不利用规章制度、劳动纪律处罚员工，甚至采取严厉的措施解除与员工的劳动关系。

企业对违纪员工的处分来自劳动法律法规的授权。我国先后在《企业职工奖惩条例》《国营企业职工辞退违纪职工暂行规定》《中华人民共和国劳动法》及《中华人民共和国劳动合同法》等法律法规中规定用人单位有权依据规章制度对员工进行管理。同时，《中华人民共和国劳动法》《中华人民共和国劳动合同法》也对规章制度制定的民主程序做出了规定，即规章制度必须按照法律规定在本企业通过相应的民主程序才能正式生效，从而作为管理员工的依据。

通过上述分析，我们可以看出，用人单位有权对员工的违纪行为做出相应的处罚，但前提是处罚有相应的规章制度依据。论述至此，问题的关键在于：用人单位有没有管理员工的规章制度？规章制度的内容是否合理合法，是否通过了民主程序并向全体员工进行了公示？下文将对上述问题进行讨论，但此前必须明确的是，公司在进行处罚时，不能张冠李戴，不能在未明确共同适用规章制度的情况下，将母（总）公司的规章制度作为处分子

（分）公司员工的依据，或将子（分）公司的规章制度作为处分母（总）公司员工的依据。

二、案件分析

具体到本案，员工的虚假报销行为相对明确，尽管其提出了诸如发票联号是因为后续一起补开的、交通费有冲突是因为忘记拿发票而用其他车票代抵等抗辩理由，但由于涉案的问题报销数量较大，且与申请人自行填报的费用发生情况不符，因此无论是仲裁还是一审，裁审人员对解除事实并不存在异议。然而，裁审人员对解除依据却有不同观点：分公司以集团公司的规章制度作为解除分公司员工的劳动合同依据，是否符合法律规定？规章制度是否经过法定程序从而合法有效？

第一，集团公司的规章制度是否在分公司内经过民主程序？

在制定规章制度时，集团公司通过邮件向其项下的所有公司进行过全员的意见征求（民主程序的一环），并对该意见征求邮件进行了公证。但当时涉案的分公司并未设立，因此该意见征求邮件并未覆盖到该分公司或分公司任何员工。在本案中，民主程序是在集团公司进行的，而未包含尚未设立的分公司。尽管裁审人员最后认为分公司合法解除，但集团公司仍需注意：若集团公司的规章制度在集团内普遍适用，则不仅是公示程序，民主程序也建议在各项下公司即每个用人单位法律实体中进行，形式上可以如本案中的集团公司一样统一进行，也可分开单独进行。对新设立的集团项下公司，集团公司规章制度的民主程序和公示程序仍有必要进行。

第二，集团公司的规章制度是否适用于分公司员工？

在庭审过程中，朱某曾多次提出，根据《中华人民共和国劳动合同法》第四条第一款[①]以及第三十九条的规定，"严重违反用人单位的规章制度"强调的是用人单位建立、制定的规章制度，而集团公司并非朱某的用人单位，其规章制度不应适用于朱某，分公司也不得依据其他公司的规章制度解除与朱某的劳动合同。而在这一点上，本案的集团公司的做法相对有利于风险控制：首先，其在集团项下各公司的劳动合同模板中明确了集团公司规章制度的适用；其次，集团项下各公司亦通过内部邮件告知全员，明确公司援引的集团公司规章制度，公司员工应当予以遵守；最后，《员工手册》的适用范围中亦明确了集团公司的规章制度适用于集团项下的所有公司。结合朱某对《员工手册》的签收及关于确认遵守的签字，裁审人员确认了集团公司规章制度对于朱某的适用性，该集团公司的做法具有参考意义。

三、违纪问题处理注意事项

从上述案件中我们可以看出，集团型企业在对员工做出处分，特别是依据相关法律法规解除与员工的劳动合同时，应当注意以下几个方面的问题。

---

① 《中华人民共和国劳动合同法》第四条第一款内容为：用人单位应当依法建立和完善劳动规章制度，保障劳动者享有劳动权利、履行劳动义务。

（一）重视员工违纪证据

《最高人民法院关于民事诉讼证据的若干规定》第六条和《最高人民法院关于审理劳动争议案件适用法律若干问题的解释》第十三条规定：在劳动争议纠纷案件中，因用人单位做出开除、除名、辞退、解除劳动合同、减少劳动报酬、计算劳动者工作年限等决定而发生劳动争议的，由用人单位负责举证。因此，在对员工进行惩处之前，用人单位应当认真调查研究，了解整个事情的真相，并将相关事实以书面的形式加以固定。这样做的原因在于，用人单位要固定对员工进行惩处的证据，一旦因员工不服公司惩处决定而提起劳动争议仲裁或诉讼，可降低公司的举证责任风险；另外，调查取证有助于公司了解员工违法违纪的真实情况，以确定员工违法违纪行为的程度而给予相应的惩罚，避免公司的惩罚措施与员工的违纪行为不相匹配现象的出现。

（二）何为违纪或严重违纪行为

"法无明文规定不为罪"是最基本的法理，同样适用于劳动法领域，适用于对员工的违纪处分。如果企业的规章制度没有将相关行为作为违纪行为进行规定，员工的上述行为就不应被视为违纪行为。公司规章制度不能类推适用，必须具有明文规定。

四、规章制度制定注意事项

（一）规章制度的合法性

制定规章制度是用人单位的一项管理权利。所谓"依法"，是指按照劳动部《关于〈中华人民共和国劳动法〉若干条文的说明》（劳办发〔1994〕289号）第四条：本条中"依法"应当作广义理解，指所有的法律、法规和规章，包括宪法、法律、行政法规、地方法规；民族自治地方，还要依据该地方的自治条例和单行条例，以及关于劳动方面的行政规章。合法的惩处员工的规章制度，不仅内容要符合现行的国家法律，程序上也要符合国家法律法规的规定。

最高人民法院在《关于审理劳动争议案件适用法律若干问题的解释》中，对规章制度的制定程序做了如下规定："用人单位根据《中华人民共和国劳动法》第四条之规定，通过民主程序制定的规章制度，不违反国家法律、行政法规及政策规定，并已向劳动者公示的，可以作为人民法院审理劳动争议案件的依据。"因此，公司在制定惩处员工的规章制度时，应通过"民主程序"。对于直接涉及劳动者切身利益的劳动报酬、工作时间、休息休假、劳动安全卫生、保险福利、职工培训、劳动纪律以及劳动定额管理等规章制度或者重大事项，《中华人民共和国劳动合同法》对制定、修改或者决定程序做出特别规定，要求这些规章制度和重大事项应当经职工代表大会或者全体职工讨论并提出方案和意见，与工会或者职工代表平等协商确定。另外，直接涉及劳动者切身利益的规章制度在制定完成后必须向员工公示。

（二）规章制度的合理性

一部切实可行的规章制度，不仅要合法而且要合理。合法指依据法律规定制定规章制度。合理的标准却不统一，企业要根据自身的具体情况予以判断。比如，在一般情况下，员工工作期间抽烟只是轻微的违纪行为，但是对于某些化工企业，员工在工作期间抽烟却是严重违纪。如果一个普通的超市规定，员工工作期间抽烟按严重违纪处理，那么这样的规定显然是不合理的。因此，在仲裁或诉讼期间，仲裁员或法官会依据企业的具体情况来判断规章制度是否合理。

（三）规章制度的可操作性

在根据自身情况设计员工违纪处罚情形时，用人单位应当对不同违纪行为予以区分，例如可以从性质上分为违反生产秩序的行为、违反商业道德的行为、违反公序良俗的行为等等；在程度上分为轻微违纪行为、较重违纪行为、严重违纪行为。用人单位可根据不同的违纪行为和违纪程度给予员工相应的处罚，对于有严重违纪行为的员工予以解除劳动合同。对于什么是轻微违纪、什么是严重违纪行为等等，规章制度都要做出细化或者量化的规定，使其具有可操作性。

（四）适用主体的特定性

集团型企业尤其应该注意规章制度适用主体的特定性，不能将集团总（母）公司的规章制度直接作为对分（子）公司员工进行处分的依据。

从法律上说，母、子公司属于不同的法律主体，分别具有法人资格，因此母公司的规章制度不能作为处理子公司员工的依据。如果要将母公司的规章制度适用于子公司，那么子公司内部应当按照法定程序进行相应的民主程序。

对于总、分公司而言，即使分公司不具有独立法律人格，总公司的规章制度也不能直接适用于分公司，否则法律风险较大。在劳动法中，分公司作为用人单位，具有独立的用工主体资格，有权与员工签订劳动合同。因此，独立的用工主体应当制定规章制度且经过民主程序，从而作为管理员工的依据。若分公司按照总公司规章制度处罚员工，则该规章制度应在分公司按照法律规定经过相应的民主程序。

五、解除劳动关系时程序的合法性

根据《中华人民共和国劳动合同法》第四十三条的规定，建立工会组织的用人单位在单方解除与员工的劳动合同时，应当事先将理由通知工会。用人单位违反法律、行政法规规定或者劳动合同约定的，工会有权要求用人单位纠正。用人单位应当研究工会的意见，并将处理结果书面通知工会。因此，集团型企业在单方解除员工时应当按照《中华人民共和国劳动合同法》的要求，通知工会。在司法实践中，笔者也碰到过好几起集团型企业因为没有通知工会而败诉的案件，因此集团型企业在做出解除决定时应当注意该程序性问题。在适用上述条款时，集团型企业应注意：（1）应当在做出单方解除合同决定之后正式通知职工之前告知工会，听取工会意见；（2）工会不同意，应当重新研究；（3）通知内容包括事实及依据，也就是已经查明的员工违纪的证据及适用的法律法规和规章制度；（4）通知应当采取书面形式，而非口头形式。

六、规章制度的其他问题

除去上述直接与本案相关的规章制度方面的问题，集团型企业在规章制度方面还应关注如下问题。

（一）怎样的规章制度是有效的

用人单位制定的规章制度具有法律效力，应当符合下列条件：

（1）规章制度符合法律法规的规定；

（2）规章制度向劳动者进行过公示。

对于第一点，规章制度符合法律法规的规定包括两个方面的内容：

- 规章制度的内容合法合理，即不与法律相冲突，且应当具有合理性，不能对劳动者过于苛刻。规章制度如果明显不合理，那么同样不会被仲裁机构或法院认可。因此，用人单位应当对其规章制度进行合法性及合理性的审查，以确保规章制度的合法及合理性。

- 制定规章制度的程序应当合法，即应当通过法定的民主程序——有关劳动报酬、工作时间、休息休假、劳动安全卫生、保险福利、职工培训、劳动纪律以及劳动定额管理等直接涉及劳动者切身利益的规章制度或者重大事项，应当经职工代表大会或者全体职工讨论并提出方案和意见，与工会或者职工代表平等协商确定。

对于第二点，规章制度应当向劳动者公示。用人单位可以通过多种方式让劳动者知晓：在特定地区进行公示，对员工进行宣讲或培训，让员工在指定时间或地点进行阅读，等等。同时，用人单位在进行上述操作时，应当保留相应的证据，以防范可能发生的法律风险。

（二）罚款处罚是否合法，应注意什么

集团型企业往往涉及工厂等制造业法律实体，而在工厂、车间等管理模式中，常用的一种管理手段是罚款。那么，企业是否可以对违纪员工进行罚款处罚呢？国有企业和集体企业的《企业职工奖惩条例》（已失效）对罚款处罚有所规定，不少中小企业在惩处制度中也规定了金额不等的罚款。在一般情况下，只要该罚款制度通过民主程序制定并公告，罚款金额较为合理，那么该罚款制度往往会被仲裁员或法官采纳。罚款处罚若不合理，则不会被仲裁员或法官采纳。

从法理的角度来分析，严格地说，由于企业不是政府，所以企业不能设定带有惩罚性的条款。法院或仲裁员采纳公司制定的惩处制度，并不是认为企业有权罚款，而是认为，"罚款"实质上要求违反劳动合同约定义务的员工承担违约责任，相当于违约金性质，具有补偿性。现行《中华人民共和国劳动法》《中华人民共和国劳动合同法》等法律法规中，没有关于用人单位对职

工罚款的规定，仅规定员工违反法律、规章制度或劳动合同而对用人单位造成实际损失的，用人单位可以要求职工承担违约或赔偿责任，主要包括劳动合同约定的专项培训费、竞业限制补偿费用。如果对用人单位造成其他经济损失的，那么用人单位可以要求劳动者承担损害赔偿责任。

（三）集团型企业规章制度的内容是否必须一致，应当怎样规定

在集团型企业中，人力资源负责人往往存有疑问：母（总）公司的规章制度是否可以直接被子（分）公司引用，或者说当母（总）公司要求子（分）公司将其规章制度作为子（分）公司的规章制度时，子（分）公司应该如何适从？从法律角度来看，劳动法属社会法，具有一定的国家强制性。劳动法整个法律体系较复杂，不仅有国家层面的法律法规，还有地方层面的地方性法规、规章，尤其是规范性文件数量繁多，导致了各地关于劳动法的政策规定存在较大差异。而集团型企业往往分布于不同城市，因此子（分）公司照搬照抄母（总）公司的规章制度显然是不合适的。正确的做法是，各地子（分）公司在吸收母（总）公司各项规章制度精华的同时，依据当地的劳动法律法规或政策性规定，因地制宜地制定属于自己的规章制度。这样制定出来的规章制度才是最适合公司实际情况、最具实用性的。

七、律师建议

　　集团型企业与一般企业的规章制度具有相同的地方，即无论是在内容方面还是在程序方面都应当符合法律规定。在内容上，规章制度应当合法合理，不能出现违反法律法规以及地方性规定的条文，也不能出现虽不违法但是明显不合理的内容；在程序上，规章制度应当按照法律法规的规定，经过相应的民主程序，经相关员工签收，使其具有法律效力。集团型企业也有与一般企业的规章制度不一致的地方，比如不能将母（总）公司的规章制度直接作为处分子（分）公司员工的依据，母（总）公司的规章制度也不应全盘适用于子（分）公司。因此，集团型企业在制定规章制度时，应当通盘考虑，逐个制定，分步细化，以保证制定的规章制度实用、有效。

第三章
工时与休假

第一节　工时制度

一、工时制度的分类

（一）标准工时制度

标准工时制度也被称为标准工作制度，是由立法确定的一昼夜中的工作时间长度、一周中的工作日天数，并要求各用人单位和一般劳动者普遍实行的基本工时制度。标准工时制度是现今使用最多、最普遍的一种用工制度，任何单位和个人都不得擅自延长职工的工作时间。根据1995年5月1日起施行的《国务院关于职工工作时间的规定》，我国目前实行的是每日工作8小时、每周工作40小时的标准工时制度。

（二）特殊工时制度

特殊工时是指特定工作岗位上的劳动者适用的工时。特殊工时制度是相对于标准工时制度而言的，包括综合计算工时工作制和不定时工作制，但必须经劳动行政部门审批方可适用，否则即为违法。

1. 综合计算工时工作制

综合计算工时工作制是针对工作性质特殊需连续作业及某些受季节和自然条件限制的行业企业之部分岗位，不以日为基本单位计算劳动时间，而以周、月、季、年等为周期综合计算工作时间，但其平均日工作时间和平均周工作时间都与法定标准工作时间基本相同的工时制度。

员工所在岗位执行综合计算工时工作制的，其在综合计算工时一个周期内的总实际工作时间没有超过法定总工作时间的，其在公休日工作，无须支付200%的加班工资；超过法定总工作时间需要计算加班费用的，除法定节假日外，一律按照150%的标准予以支付。

需要注意的是，并非所有的员工都适用综合计算工时工作制。目前可以申请实行综合计算工时工作制的岗位有以下三种：

- 交通、铁路、邮电、水运、航空、渔业等行业中因工作性质特殊，需连续作业的职工。
- 地质及资源勘探、建筑、制盐、制糖、旅游等受季节和自然条件限制的行业的部分职工。

■ 其他适合实行综合计算工时工作制的职工。

2. 不定时工作制

　　不定时工作制是指因生产特点、工作特殊需要或职责范围的关系无法按标准工作时间衡量工作量而实行的、工作时间不受固定时数限制的工时制度。换言之，不定时工作制就是一种没有上下班时间限制的较为弹性的工作时间制度。对于所在岗位执行不定时工作制的员工而言，企业无须向其支付加班费用。但值得注意的是，在上海、深圳等地，根据当地的地方性法规，即使是经劳动保障行政部门批准实行不定时工作制的用人单位，在法定节假日安排劳动者工作的，仍应按照不低于劳动者本人日或小时工资标准的300%支付加班费用。

　　与综合计算工时工作制相同，只有特定员工方可申请不定时工作制。根据现行法律法规，实行不定时工作制的职工有以下三种：

■ 企业中的高级管理人员、外勤人员、推销人员、部分值班人员和其他因工作无法按标准工作时间衡量的职工。
■ 企业中的长途运输人员、出租汽车司机和铁路、港口、仓库的部分装卸人员以及因工作性质特殊需机动作业的职工。
■ 其他因生产特点、工作特殊需要或职责范围的关系，适合实行不定时工作制的职工。

二、集团型企业中常见的工时问题

（一）工作时间的具体定义

工作时间又称"工时"，任何关于工作时间的规定都是建立在明确何谓"工作时间"的基础上的，直接牵涉加班时间及休息休假等问题。比如，企业是否将午休时间视为工作时间，这就直接牵涉员工的上下班时间以及加班费计算的问题。然而我国现行法律法规并没有对"工作时间"进行过明确定义。从司法实践来看，通常意义上认定的工作时间是指员工实际为公司提供劳动服务的时间，不包括午休等员工吃饭休息的时间。但是，若企业的规章制度等内部文件明确将午休等界定为工作时间的，则应按照企业的规定执行。

（二）标准工时制的使用

根据相关法律规定，我国目前的标准工作时间为每日工作8小时，每周工作40小时。只要是符合这个标准的，都属于标准工时制度，而并非一定要求每周一至每周五工作5日、每个工作日从上午到下午工作8小时。

也就是说，生活中常见的三班倒这种翻班制度，虽然每个工作日的上下班时间不同，但只要符合每日8小时、每周5日的要求，实行的就是标准工时制度。但需要说明的是，1995年5月1日起施行的《国务院关于职工工作时间的规定》指出，在标准工时制下，除了要满足"职工每日工作不超过8小时、每周工作不超过40小时"之外，还需"保证劳动者每周至少休息一日"。根据原劳动部《关于〈中华人民共和国劳动法〉若干条文的说明》（劳办发〔1994〕289号），"每周至少休息一日"应当理解为用人单位必须保证劳动者每周至少有一次24小时不间断的休息，即不管用人单位实行每日几小时工作制度，都必须保证劳动者在每周内至少有一个连续一天的休息时间。

（三）特殊工时制度之批文的地域性

根据《中华人民共和国劳动法》及《国务院关于职工工作时间的规定》，企业因生产特点不能实行标准工时制的，报经劳动行政部门批准，可实行其他工作和休息办法。也就是说，企业可以根据岗位特性及生产特点，选择实行特殊工时制度。另外，企业要实行特殊工时制度必须经过劳动行政部门的批准，否则即为违法。

集团公司的下属分公司、子公司通常都遍布全国各大省市。但是，对于集团公司向相关劳动保障行政部门申请获准实行特殊工时制度的，该效力所及范围仅限于申请企业的营业执照区域范围内，并不当然地适用于其下属分公司、子公司及关联企业。各分公司、子公司及关联企业如需实行特殊工时制度，一般应当以自己的名义自行向当地劳动保障行政部门进行申请，否则，在其内部岗位上实行特殊工时制度的行为将存在被认定为违法的可能。一旦员工就此提起劳动诉讼要求企业支付其工作期间所有的加班费用乃至经济补偿金，那么这对企业来说往往不是一笔小金额的费用。

不过，上述情况也并非绝对现象。例如，根据当地内部操作口径，广州和深圳并不接受有营业执照的注册在当地的分支机构的特殊工时制度申请。另外，对于企业高级管理人员适用不定时工作制，部分地区有着特殊规定。《北京市企业实行综合计算工时工作制和不定时工作制的办法》（京劳社资发〔2003〕157号）第十六条第二款规定，企业中的高级管理人员实行不定时工作制，不办理审批手续。因此，北京可以不需要劳动保障行政部门审批实行不定时工作制，但前提是属于董事会任命或公司章程有规定的高级管理岗位。因此，在北京，对于适用不定时工作制的高管人员岗位，企业需首先在章程中进行规定，其次在规章制度中予以明确，以最大限度地降低法律风险。

（四）公司员工在内部流转后的工时制度变更

员工在集团型（关联性）企业内进行流转，可能会涉及工时制度的变更。例如，集团公司将普通员工派往分公司任领导，之前该员工在集团公司执行的是标准工时制度，而在分公司由于其职位的变动，其工作时间需要变更为不定时工作制。在这种情况下，首先，我们要确认分公司的该领导岗位是否申请过实行不定时工作制。其次，企业应当通过与员工签订劳动合同变更协议等方式，约定其实行新岗位的工时制度，这一点往往为大多数企业所忽视。

除此以外，特殊工时岗位上的员工在进行内部流转时，即使流转前后的岗位相同，也应当注意确认员工流转后的公司的相应岗位是否申请过同种特殊工时制度。因为各公司的所在地不同、审批程序不同，以及各公司本身性质的差异，有时同一岗位存在不同工时要求，实行的是不同的工时制度。

三、案例分享

（一）案情回放

2007年5月，王某进入某外企上海分公司担任IT（信息技术）主管。因为王某工作出色，总公司决定派王某至广州分公司担任IT经理。双方于2009年1月签订了劳动合同变更协议，约定王某在广州担任IT经理期间，每月工资收入增加至28 000元，并由公司额外支付其租房津贴、交通津贴、通信津贴、探亲费用等近万元，而其他方面不做任何变动。2010年5月，总公司决定自王某劳动合同期满之日起将王某调回上海分公司，并按照原劳动合同待遇标准与其进行续签。王某不同意，双方协商未果，劳动合同期满终止。随后，王某提起仲裁，要求公司向其支付其在广州任职期间的加班费用16万余元，并提供了会议记录等相关证据证明其加班事实。

经查，王某在进入上海分公司时签订的劳动合同约定其执行标准工时制度，双方的劳动合同变更协议中未提及有关工时的任何条款，而广州分公司的IT经理一职系经过当地劳动保障行政部门批准实行不定时工作制的岗位。

（二）案情分析

1. 广州分公司获准实行不定时工作制的批复是否对王某有效

广州分公司在王某所在岗位实行不定时工作制，依法办理了审批手续，从程序上说，这个岗位应该是合法有效的。但是，因为王某最初是与上海分公司签订劳动合同的，合同中约定其执行标准工时制度，虽然其在被派往广州分公司后，从IT主管上升到了IT经理，但其和上海分公司签订的变更协议中，并没有提到对于原劳动合同所约定的工时制度予以更改。因此，在双方没有就该条款协商一致并更改的前提下，对于王某执行的工时制度，应该根据原双方合意签署的劳动合同认定为标准工时制度，而非按照广州分公司的制度实行不定时工作制。

2. 公司是否需要向王某支付其在广州任职期间的加班费用16万余元

因为王某适用的是标准工时制度，因此其有权要求公司支付其超过标准工作时间的加班费用——按照其在广州任职期间的日工资作为基数予以计算，共计16万余元。

（三）审判结果

仲裁委员会判定公司需向王某支付相应的加班费用。

四、律师建议

由于集团型（关联性）企业内部人员流转较为普遍，所以在内部员工流动时，企业应注意将流转后的具体情况充分告知员工，并以书面形式让员工签字确认，尤其是在前后工时制度有所变更时，以避免日后引发争议时对企业方不利。

第二节　休假制度

一、休假种类

（一）法定节假日

根据2007年国务院修订发布的《全国年节及纪念日放假办法》对法定节假日的界定，我国法定节假日具体分为三类。第一类是全体公民放假的节日，用人单位在此时要求劳动者加班，则需要支付不低于300%的加班工资。第二类是部分公民放假的节日及纪念日，如适逢星期六、星期日，用人单位则不予员工补假；应休未休的，用人单位也只需正常支付其工资即可，无须支付加班工资。第三类是少数民族节日，按不同民族的风俗习惯而定。

（二）带薪年休假

根据国务院2007年颁布的《职工带薪年休假条例》和人力资源和社会保障部于2008年发布的《企业职工带薪年休假实施办法》的相关规定，机关、团体、企业、事业单位、民办非企业单位、有雇工的个体工商户等单位的职工连续工作一年以上的，享受带薪年休假。职工在年休假期间享受与正常工作期间相同的工资收入。

（三）婚育假

婚育假具体分为婚假、产假、哺乳假等。婚假的规定在我国的法律法规中相对较少，而且基本见于早期的法律法规及政策之中。产假则分为产前假、流产假、生育奖励假、看护假等情形。除国务院2012年出台的《女职工劳动保护特别规定》中有较为统一的规定以外，产假都由各地方自由规定。

（四）病假

病假，顾名思义，员工因身患疾病而需要进行的休假。根据《企业职工患病或非因工负伤医疗期规定》（劳部发〔1994〕479号）第二条规定，医疗期是指企业职工因患病或非因工负伤停止工作治病休息不得解除劳动合同的时限。因此，法律规定员工休病假的保护期即为医疗期。

根据《企业职工患病或非因工负伤医疗期规定》（劳部发〔1994〕479号）、《关于贯彻执行〈中华人民共和国劳动法〉若干问题的意见》（劳部发〔1995〕309号）等相关规定，企业职工在医疗期内，其病假工资、疾病救济费和医疗待遇按照有关规定执行，病假工资或者疾病救济费可以低于当地最低工资标准，但不能低于最低工资标准的80%。例如，上海市特别规定，根据《上海市劳动局关于加强企业职工疾病休假管理保障职工疾病休假期间生活的通知》（沪劳保发〔1995〕83号），职工疾病或非因工负伤待遇高于本市上年度月平均工资的，可按本市上年度月平均工资计发。

（五）丧假

当职工的直系亲属（父母、配偶和子女）死亡时，职工可以酌情获得1～3天的丧假。丧假期间，用人单位应按劳动合同规定的标准支付劳动者工资。

（六）独生子女护理假

独生子女护理假是指在独生子女父母患病住院期间，用人单位应该给予子女的护理照料时间。用人单位不得扣减陪护期间的工资、津贴与奖金等福利。对此，国家立法层面尚无统一规定，由各地政府根据各地情况自主确定。目前，福建、广西、海南、湖北、黑龙江、重庆、四川、河北、河南、宁夏、内蒙古、山西等地方落实了"独生子女护理假"相关政策（见表3–1）。其中，湖北、黑龙江、四川、宁夏等地方还规定，非独生子女也享有"护理假"这一待遇。各地政策规定的护理假期有所不同，从5天到20天不等，其中河北省仅原则性规定"给予适当陪护时间"。

因此，公司应及时了解当地相关政策并按规定落实，并将其以成文方式公示告知员工，从而有利于减少日后争议的发生。

表3–1　"独生子女护理假"相关政策汇总

序号	地区	相关政策	实施日期
1	福建省	《福建省老年人权益保障条例》	2017年3月1日
2	广西壮族自治区	《广西壮族自治区实施〈中华人民共和国老年人权益保障法〉办法》	2017年9月1日

（续表）

序号	地区	相关政策	实施日期
3	海南省	《海南省实施〈中华人民共和国老年人权益保障法〉若干规定》	2017年9月1日
4	湖北省	《湖北省实施〈中华人民共和国老年人权益保障法〉办法》	2017年12月1日
5	黑龙江省	《黑龙江省老年人权益保障条例》	2018年1月1日
6	重庆市	《重庆市老年人权益保障条例》	2018年3月1日
7	四川省	《四川省老年人权益保障条例》	2018年10月1日
8	河北省	《河北省老年人权益保障条例》	2018年12月1日
9	河南省	《河南省老年人权益保障条例》	2019年1月1日
10	宁夏回族自治区	《宁夏回族自治区老年人权益保障条例》	2019年1月1日
11	内蒙古自治区	《内蒙古自治区老年人权益保障条例》	2019年1月1日
12	山西省	《山西省人民政府办公厅关于开展老年人照顾服务工作的实施意见》	—

资料来源：各地区人民政府、卫健委网站，中国人大网站，以及公开报道。

二、集团型（关联性）企业人员在内部流转时常见的休假问题

（一）请假程序

一般而言，企业人员的流转应当是指结束原劳动关系后与流转后的公司建立新的劳动关系。但集团型（关联性）企业之间的特殊性，导致在大多数情况下，企业人员都是在不更改劳动关系权利义务主体的前提下，更改实际服务的工作单位。当流转人员需要申请休假时，申请手续等程序性问题就会随之浮出水面，若约定不明就会产生混乱。

鉴于上述情况，各集团型（关联性）企业应当尽量统一申请休假的手续，并在规章制度或者人员流转时双方签署的协议中明确以哪一方的规定为准。

（二）剩余年休假天数的使用

企业人员在内部流转时，不可避免的是年休假天数如何计算的问题。根据《职工带薪年休假条例》和《企业职工带薪年休假实施办法》的相关规定，如果人员在内部流转时劳动关系是重新建立的，那么应当分别计算该员工流转前和流转后的年休假天数，流转前尚未使用的天数按照其日工资的300%予以支付年休假工资报酬，流转后的按照比例享有。

但是，由于集团型（关联性）企业人员的内部流转一般并非是员工主动自愿要求更改工作单位的，而且前后两家公司又有着一定的关联性，所以大多数公司会选择将其在前任公司中剩余的

年休假天数转移至后一任公司累计计算。如果员工的休假情况是由集团公司统一记录并管理的，那么当然不会产生问题；如果休假情况是由各公司各自记录管理的，那么集团公司此时要注意的是，应当完善前后两家公司关于员工年休假资料的交接手续，例如由转出公司出具相关证明以证实该员工应享受而未享受的年休假剩余天数，然后由转入公司安排其休剩余年休假。

（三）福利性休假不一致引起的冲突

在有些集团型（关联性）企业中，各公司的规章制度并非由集团公司统一制定，休假规定也各不相同。当人员于内部流转时，从福利差的公司流转至福利好的公司固然不会引起争议，但反之，则很容易造成员工的不满心理。因此，企业在安排人员进行内部流转时，应尽量减少员工福利落差，或者通过其他方式予以弥补。如果劳动关系维持原状不变，只是更改实际服务单位的，则员工应按照之前福利好的规定享受休假待遇。此外，企业应当充分利用好与员工签署的劳动合同变更协议，明确流转后的各项薪资福利待遇及标准，以免引起不必要的劳动争议。

三、案例分享

（一）案情回放

2009年8月，萧某应聘至某酒店集团担任A市酒店店长一职。2010年1月，集团公司将其调派至B市酒店担任店长。2010年9月，萧某因无故旷工被公司开除。萧某不满，遂向当地劳动仲裁委员会提起仲裁，要求公司向其支付未休婚假、未休年假工资共计人民币1万余元。萧某声称，其于2009年12月结婚，在担任B市酒店店长期间，萧某曾向B市酒店提出申请休婚假，被B市酒店以其并非在B市任职期间结婚为由拒绝。萧某在B市酒店虽然享受了5天年休假，但是根据A市酒店规章制度的规定，其应当还有5天福利性年休假可以享受。仲裁审理查明，萧某在被从A市酒店调往B市酒店时，只签署过一份调职通知书，上面写明调职时间、地点及调整后的薪资，并未涉及任何规章制度、福利待遇问题。另外，萧某的社会保险费用等仍由A市酒店为其缴纳。

（二）案情分析

1. 萧某申请的未休婚假工资能否得到支持

根据《关于国营企业职工请婚丧假和路程假问题的通知》[（80）劳总薪字29号、（80）财企字41号]的规定，职工本人结婚，由"本单位"给予婚假。此处的"本单位"应指与劳动者建立有劳动关系的用人单位。在本案例中，由于萧某在B市酒店工作是由集团公司调职安排的，且其社保关系等仍在A市酒店，所以应当认定萧某和A市酒店存在劳动关系。但由于A市、B市酒店属同一集团内不同分支机构，且B市酒店对萧某进行了实际用工，所以应该认为，萧某向B市酒店申请休婚假是合法合理的，B市酒店不应予以拒绝。虽然法律上并未规定未休的婚假可以折现，但鉴于A市酒店规章制度中有关于未休婚假工资标准的规定，因此，萧某有权获得未休婚假工资。

2. 萧某申请酒店支付未休福利性年休假工资的请求是否可以获得支持

萧某的这项请求能否被支持，取决于A市酒店对于福利性年休假是如何规定的。现在有很多企业都会给予员工超过法定标准的带薪休假天数，但是如果员工没有享受到这类福利性休假，那么公司是否也要像法定带薪休假那样向员工支付300%的未休假工资呢？从现在的司法实践角度来看，对于应享受而未享受的福利性休假，除非规章制度中有条款明确载明对于未休的福利性休假，公司应支付员工一定金额的待遇作为补偿，否则仲裁和法院一般不予支持300%的未休假工资报酬的请求。

（三）审判结果

仲裁最终判定酒店应向萧某支付其未休婚假的工资，而对于萧某要求酒店向其支付300%未休年休假工资报酬的请求未予支持。

四、律师建议

在集团型（关联性）企业中，休假制度的管理与一般企业并无不同，但由于集团型（关联性）企业中的独立机构较多，可能出现不同机构对休假的具体操作并不相同的情况。因此，当员工在集团内部进行流转时，集团型（关联性）企业应做好对员工休假内容的记录，以免日后发生争议。除此之外，为避免员工流转时因各机构具体操作不同而出现问题，各机构可统一模式，以简化操作流程。

第四章

集团型企业的薪酬管理

对于集团型企业的发展而言，薪酬管理是其人力资源管理中最主要、最敏感的环节之一，直接影响企业的竞争力。人们普遍认为，良好的薪酬管理体系一方面有利于员工管理、劳动用工成本的控制，另一方面也是企业灵活用工的基础。此外，当前劳动法律对企业规制日益严苛，企业在劳动关系上的自主空间越来越小，薪酬管理因此成为企业实现灵活管理的突破口。

集团型企业的薪酬制度整体上呈现出统一性与本地化的特点。统一性主要体现为集团总部制定统一制度与规则，其他国家与地区的关联公司需与集团总部保持一致，除非在当地有另行规定。本地化主要体现为员工薪酬水平需与国家以及当地经济发展水平相适应，需符合国家以及当地政府在薪酬方面的法律要求，比如最低工资、工资增长幅度等规定。

第一节　薪酬、工资与福利

　　企业薪酬管理的对象是员工的薪酬，但是现行法律中并无薪酬的概念。薪酬作为人力资源方面的一个概念，一般是以薪酬管理的搭配出现的。与工资相比，薪酬的立足是企业。薪酬是企业的人力资源使用成本。在薪酬管理的语境下，"薪酬"涵盖了企业因用工而支出的所有成本，包括支付给劳动者的劳动对价、劳动保护与社会保险、劳动者培训费用、福利费等。因此，我们认为薪酬的概念要比工资更为广泛。

　　"工资"是法律规范中较常见的概念。我国立法中对"工资"一词的解释出现在《关于贯彻执行〈中华人民共和国劳动法〉若干问题的意见》（劳部发〔1995〕309号）中："劳动法中的'工资'是指用人单位依据国家有关规定或劳动合同的约定，以货币形式直接支付给本单位劳动者的劳动报酬，一般包括计时工资、计件工资、奖金、津贴和补贴、延长工作时间的工资报酬以及特殊情况下支付的工资等。"在实践中，工资也常常被表述为薪金、薪水。我们认为，法律上的"工资"应当具备三个特征，即劳动报酬性、劳动关系性以及货币载体，三者缺一不可。

　　劳动报酬性是指工资的获取以劳动者提供劳动为前提，工资数额以劳动者所提供的劳动量为标准。工资的这个属性使之区别于社会保险与福利，后者并不当然与劳动者是否提供劳动以及劳动量相关，而是基于劳动者与用人单位之间存在的劳动合同关系。在劳动报酬性方面，集团型企业需着重注意的是福利。福利是集团型企业薪酬管理中经常使用的一个概念，也是非常容易出现误区的一个概念。很多企业认为，区分工资与福利的标准是相关项目是否具有强制性，认为企业可以进行选择性发放的项目即福利。这种观点被广为接受，但与法律的本意并不相符。《财政部关于企业加强职工福利费财务管理的通知》（财企〔2009〕242号）规定，企业职工福利费是指企业为职工提供的除职工工资、奖金、津贴、纳入工资总额管理的补贴、职工教育经费、社会保险费和补充养老保险费（年金）、补充医疗保险费及住房公积金以外的福利待遇支出，包括发放给职工或为职工支付的各项现金补贴和非货币性集体福利。文件对企业福利做出了较为详尽的列举式规范，其中包括一些法律强制的项目，如丧葬补助费、抚恤费等。因此，集团型企业在区分员工福利与工资时，必须严格按照财企〔2009〕242号文件精神，只能将法定项目的福利费用区别于工资，不可随意扩大。集团型企业明确福利与工资的范围，将对"同工同酬"的认定以及经济补偿金、赔偿金的计算基数产生影响。

劳动关系性是指劳动者获取工资是基于劳动者与用人单位存在的劳动合同关系。工资的这个属性使之区别于稿费、讲课费、发明创造奖金等，因为稿费、讲课费、发明创造奖金等仅以提供相应劳动为前提，不要求劳动者与接受劳动者之间存在劳动合同关系。

货币载体是指工资必须以法定货币的形式发放，否则劳动者有权拒绝。工资的这个属性使之区别于其他工资性收入，后者不要求法定货币形式，可以实物或是代金券的形式支付。对于集团型企业薪酬管理而言，区分工资与其他工资性收入的意义，一方面在于能够确定是否构成拖欠工资的问题，另一方面对经济补偿金的基数也会产生影响。

集团型企业在薪酬管理中需明确"工资"的概念，其意义在于确定自主管理权的范围。集团型企业自主薪酬管理权的法律客体是"工资"而非"薪酬"，而薪酬管理中的其他人力资源成本（如社会保险）具有很强的法定性，企业难以干涉。集团型企业在薪酬管理中要实现合法性诉求，必须明确工资的范围，不可随意扩大工资范围。

基于薪酬管理的复杂性以及"工资"周边概念的庞杂，集团型企业要实现灵活的薪酬管理，为企业自主管理权留有充足空间，应该避免形成"铁板一块"的薪酬体系。在具体操作上，集团型企业首先需要在劳动合同中对工资与福利、津贴、补贴等项目分别规定，并将固定性的工资与浮动性工资予以区分；其次在规章制度中对浮动性的工资、奖金的考核项目与浮动比例予以明确。这样才能为企业实现薪酬管理的自主权提供用武之地。

第二节　集团型企业薪酬管理的自主权与限制

在市场经济下，作为企业内部事务的薪酬管理，原则上应该由企业自主决定，但由于劳动领域的特殊性，国家对劳动市场采取了较为严格的管理，这在薪酬问题上表现得尤为突出。用人单位，尤其是集团型企业，要合法行使薪酬自主管理权，应当熟知现行法律关于薪酬的相关规定，明确企业在薪酬管理上的自主权以及限制。

企业薪酬管理的自主权在《中华人民共和国劳动法》第四十七条中有明确规定："用人单位根据本单位的生产经营特点和经济效益，依法自主确定本单位的工资分配方式和工资水平。"根据法条文本，我们可以得知，企业工资分配的自主权主要表现在两个方面，即工资分配方式与工资水平，前者决定劳动者的工资应该如何计发，后者决定了劳动者工资数额的多少。

通常而言，企业行使薪酬管理自主权主要通过两种方式：与劳动者合同约定或者企业规章制度规定。合同约定要求真实有效，企业规章制度的制定则要求通过民主程序并进行公示。集团型企业在通过劳动合同进行薪酬管理时，需要注意劳动合同的主体应该与实际用工主体一致，以防止因合同主体不适格造成约定无效或不能适用的问题（详细论述可参见本书第一章"劳动关系确认"）。集团型企业在通过规章制度进行薪酬管理时，要注意民主程序的主体和公示的范围，根据集团型企业内部关系的不同而进行针对性的操作（详细论述可参见本书第二章"规章制度制定"）。

对企业薪酬管理权的限制则散见于《中华人民共和国劳动法》《工资支付暂行规定》以及各地方的工资支付办法或条例。从立法角度来看，我国对企业薪酬管理的权利规范较为笼统，而对限制则较为具体，这也符合私法领域"法不禁止即自由"的原则。集团型企业在行使薪酬管理自主权时，应重点把握法律法规以及地方性规范中关于此问题的相关限制，在薪酬管理中做出合法选择。由于工资问题的复杂性，全国范围内的立法尚未出现，各项规定主要体现在地方性规范中，所以集团型企业在跨区域发展过程中，尤其需要注意当地法规以及规范性文件中是否对薪酬管理问题做出特别规范，防止在薪酬管理问题上的法律风险。

从当前立法层面来看，集团型企业薪酬管理的义务主要体现在工资数额的确定和工资的发放两个方面。前者遵循不低于最低工资、同工同酬与合同约定；后者遵循及时、足额以及法定货币形式。

第三节　工资的类型

一、最低工资

我国的最低工资具有如下三个特征：劳动者在单位时间内提供了正常劳动，最低工资标准由政府直接确定，用人单位支付的劳动报酬不得低于政府规定的标准。集团型企业在处理最低工资问题上，应充分注意各个地方的差异性，这种差异性主要体现在最低工资的扣除项目上。例如，在上海和北京的规定中，最低工资不包括劳动者个人承担的社保及公积金，江苏、浙江和广州、深圳等地则规定包括这一部分。此外，上海的规定中明确最低工资不包含伙食补贴、上下班交通补贴以及住房补贴。集团型企业在跨区域经营中，对这些问题应保持足够重视，并根据各地的不同规定及时进行调整。

二、绩效工资（包括绩效奖金）

绩效考核是贯穿集团型企业薪酬制度的核心内容。首先，在员工入职时，用人单位通过与员工签署岗位说明书确定岗位职责，明确该岗位的主要工作内容。工作内容的性质与工作量直接决定了该岗位的成本预算——实现劳动力的定价。其次，根据绩效考核制度，用人单位对该岗位员工的工作能力进行衡量，从而判断员工是否胜任该岗位——实现劳动力的评价。最后，用人单位借助绩效改进计划帮助低绩效员工提升至期望水平。对于无法达到改进目标，经培训或者调岗后仍然无法胜任工作的，用人单位可行使单方解除权以实现劳动力的优胜劣汰。对此，《中华人民共和国劳动合同法》第四十条第（二）项也提供了法律依据，绩效改进计划成为用人单位管理绩效不佳员工的正常机制。

三、销售提成

销售人员是职场中非常活跃的一个群体，也是企业中非常重要的工作岗位。将企业盈利按照一定的比例在企业和员工之间分成，这种工资结构所带来的激励性不言而喻。即使在这种激励性的薪酬制度中，优秀的销售人员也是企业久觅而不得的期盼。2018年，万宝盛华集团对全球范围内43个国家或地区39 195家企业进行了调查，其中1 121家来自中国大陆。调查显示，2018年中国大陆地区最难填补职位中排名第一位的就是销售代表。从大中华区来看（包括中国大陆地区、香港地区、澳门地区、台湾以及其附属岛屿地区），中国香港有76%的雇主在填补职位空缺时存在难度（2016年为69%），其最难填补职位中排名第一的同样是销售代表。

在司法实践中，销售人员向前用人单位主张佣金、销售提成的案件时有发生，尤其是在销售人员离职时，且涉及标的金额不菲。对此，笔者认为，集团型企业应在销售目标的确定，提成或佣金比例的设定，提成工资或佣金的发放条件、发放时间等方面建立统一且明确的书面规则。对于销售目标，企业和员工共同确认与设定的目标应具有合理性。对于提成或佣金比例的设定，提成工资或佣金的发放条件、发放时间等，企业可通过签订协议的方式，要求员工签字确认，并根据协议的约定履行。这些都有助于加强企业的制度建设，防患于未然。

四、年终奖

年终奖制度是外资企业中常见的激励机制，也是对员工绩效考核期间工作的肯定，有效地实现了公平与激励共存。实施这种奖励制度，必须以完善的绩效评估体系为依托，否则会破坏制度的公平性，进而无法达到激励的良好目的。在司法实践中，用人单位通常享有用工自主权，有权制定和颁布关于年终奖的发放条件、依据、扣发以及不发放等方面的制度。争议较多的问题是：如果员工在发放年终奖时已经离职，那么用人单位是否还需发放该员工的年终奖？对于该问题，我们将在本章第六节展开讨论。

第四节　工资的合法发放

一、工资的及时支付

工资的及时支付同时包含"发放周期"和"发放日期"两个方面。

集团型企业在确定工资支付周期时应对"全日制用工"与"非全日制用工"进行区别对待。根据中国法律的相关规定，全日制用工至少每月支付一次，非全日制用工则要求最长支付周期不得超过15日。

集团型企业应当与劳动者约定工资发放日期。依据法律规定，遇法定节假日或休息日，工资应当提前在最近的工作日支付。很多企业认为，与员工约定的工资发放日期应当是一个确定的日期，如约定每月的15日为工资发放日。这种约定自然符合法律要求，但法律并不要求必须是确定的日期，现行法律允许双方约定一个时间段为工资发放日，如约定每月15～17日进行工资发放。这种灵活性的约定不违反法律规定，实务中也会被仲裁法院采纳。当然，约定的时间段必须符合合理性要求。

对于集团型企业而言，在处理工资及时支付的问题上，它们还需要注意因地方差异而出现的新问题。其一，各地都有工资延时支付的违法排除事由的相关规定，但是规定的具体情形各地存在差异。如上海规定的"用人单位无主观恶意，确由客观原因导致计算标准不清楚、有争议而延付的"情形，在其他地方不当然认定为合法延付。集团型企业在支付上海以外员工工资时，如由这个原因而产生延付的，在没有当地规定的情况下，可能面临一定的法律风险。其二，各地都对工资延付的最长周期以及法定程序进行规定，但在具体细节上并不一致。如上海、江苏、浙江等地规定：在符合一定条件下，在征得工会或职代会同意后，企业可以延期一个月支付工资。此外，在深圳延付不超过5日的，无须经过工会或职工本人的同意。

二、工资的足额发放

工资的足额发放应同时满足两个方面的要求，其一要求不低于法定标准，即不违反国家关于同工同酬、最低工资、加班工资以及法定津贴补贴的相关规定；其二必须严格按照双方的约定支付工资，不得随意克扣和减发。

集团型企业在进行工资的足额发放时，尤其需要对加班工资的计算予以重点关注。就加班工资问题，目前全国范围内的立法仅就计算比例进行了规定，而对加班工资的计算基数则没有做明确的界定，各个地方对此的规定存在很大差异。由于劳动者工资结构较为复杂，如何确定加班工资的计算基数是集团型企业人力资源管理必须解决的问题。有观点认为，用人单位可以和劳动者约定加班费的计算基数，实践中也有企业采取这样的做法。我们认为，根据目前各地的规定以及工资立法的本意，约定加班工资的计算基数存在一定的法律风险，尤其是约定的加班工资计算基数远低于员工正常出勤期间所获得的工资。因此，我们建议，集团型企业可以与劳动者就"正常工作时间工资"予以明确约定。这意味着，如果双方的劳动合同中明确约定了月工资，那么加班工资的计算基数应"按不低于劳动合同约定的劳动者本人所在岗位（职位）相对应的工资标准确定"。

第五节　工资的调整

集团型企业的薪酬调整通常有两种形式，一是定期的调整，二是因晋升而获得的加薪。

对于定期的薪酬调整，关键在于调整的幅度及该幅度是否统一。此项决定需人力资源部门结合公司的整体业绩及发展方向确定。在实践中，为了体现薪酬调整与绩效表现的一致性，薪酬调整的比例通常会体现出差异化，而不会"一刀切"。同弹性年终奖制度一样，如果在每年薪酬调整时，员工之间适用不同的调整比例，则需要绩效评估体系的有效支撑，且同样需要合法有效的内部制度及证明文件的支持。

对于因晋升或降级而导致的薪酬调整，关键在于用人单位薪随岗变的制度规定。对于用人单位和劳动者而言，皆大欢喜的晋升调薪通常不会有争议。相对而言，用人单位在处理因降级而发生的薪酬调整时，是否可以调薪以及调薪的幅度，既需有相应的规章制度作为依据，也要具有一定的合理性。

用人单位是否有权单方调整劳动者工资，目前存在两种不同的理解。有观点认为，根据《中华人民共和国劳动合同法》的规定，用人单位不能单方调整员工工资。也有观点认为，尽管《中华人民共和国劳动合同法》严格要求合同变更必须在协商一致的基础上进行，用人单位仍然有权单方调整工资。

前一种观点认为，《中华人民共和国劳动合同法》第三十五条规定"用人单位与劳动者协商一致，可以变更劳动合同约定的内容"，言下之意，劳动合同的变更必须取得劳动者的同意，而"工资"作为劳动合同的主要内容，用人单位对其进行调整自然应该与劳动者协商一致。因此，这种观点认为，在当前立法环境下，用人单位单方面调整劳动者工资是没有法律依据的，劳动者可予以拒绝。

根据这种观点，企业薪酬管理将基本陷入困境。因为企业在进行工资调整（工资下调）时，基本上很难取得劳动者的同意。如果坚持认为劳动者的同意是企业调薪的前提，那么调薪工作在很大程度上将无法开展，企业在薪酬管理上的自主权将无法实现，更不用说通过薪酬管理制度实现企业自主管理。这对于集团型企业来说尤为突出：集团型企业员工数量多，且分散在不同地域，如果要求所有的工资调整都必须征得劳动者的同意，那么这对于集团型企业而言无疑是个巨大的负担。

我们认为，用人单位进行工资调整并不当然构成劳动合同的变更，因此调整工资并不必须以与劳动者协商一致为前提。企业要将工资调整区别于合同变更，需要在劳动合同以及企业规章制度上做好相应工作。首先，用人单位与劳动者约定的工资应该具有一定的灵活的调整空间，不能"铁板一块"，即约定劳动者的工资中的一些项目具有浮动性和可调整性。其次，劳动合同中要有相关的授权性约定，即约定在符合一定条件下，用人单位可以对劳动者工资进行调整。再次，用人单位可通过民主程序制定对应的规章制度，明确企业调整工资的具体事由以及幅度。当然，规章制度的相关规定应该满足合理性要求，否则同样可能不被仲裁机构或法院认可。最后，企业在进行工资调整时应该注意证据的收集与保留，为将来可能出现的纠纷做准备。通过以上处理，企业进行单方调薪是根据劳动合同以及企业规章制度的规定行使薪酬管理的自主权，不属于劳动合同的变更，而是劳动合同的正常履行，自然不需要以劳动者同意为前提。

第六节　离职员工的工资发放

离职员工的工资发放必须同时满足及时和足额两个要求。

集团型企业对离职员工发放工资，要在"及时"方面满足合法性的诉求，同时充分注意各个地方的不同规定。一方面，离职工资支付的起算点不尽相同，如上海规定为"办妥手续时"起算，江苏、浙江、广东等地则是从"解除或者终止劳动合同之日"起算。另一方面，关于离职工资支付的宽限期也存在差异。目前，离职工资支付的宽限期存在三种模式。第一种是当日支付，不存在宽限期，上海和广东（深圳有特殊规定）采取这种立法模式。第二种则规定了一定的宽限期，如江苏要求"两个工作日内"、浙江要求"5日内"。深圳对这个问题的处理采取了与前两种模式都不相同的做法。《深圳市员工工资支付条例》规定："支付周期不超过一个月的工资，用人单位应当自劳动关系解除或者终止之日起三个工作日内一次付清；支付周期超过一个月的工资，可以在约定的支付日期支付。"集团型企业针对离职员工支付工资时，需严格按照当地的规定执行。

集团型企业对离职员工发放工资，在"足额"方面的要求主要体现为合理确定离职员工的工资数额。实务中出现的主要问题有两个：其一，员工月中离职，如何计发当月工资？其二，员工年中辞职，季度奖、年终奖等奖金是否需要发放，如何计发？

对于第一个问题，目前实务中有两种做法。一种是正算，即根据当月员工在岗的工作天数确定应发工资的金额，其公式为"应发工资＝日工资 × 上班天数"；另一种是反算，即根据当月员工未在岗天数确定当月应减发的工资数额，进而确定当月应发工资总额，其公式为"应发工资＝月工资－日工资 × 未上班天数"。根据我国的相关规定，劳动者每月的计薪日为21.75天，这就使得正算和反算的结果存在差异。我们认为，在劳动者月中离职的情形下，企业应该按照正算的方式确定工资。因为此时劳动者的工作时间尚未达到一个月，月工资已经失去存在的基础，再以月工资扣除当月应减发金额便不尽合理。从风险防范的角度来看，正算这种按日计发工资的方式更值得用人单位采纳。

对于第二个问题，目前各地的处理方式存在很大差异，有些地方已经在立法中明确规定需要按照实际工作时间与奖金的考核周期予以折算。如《深圳市员工工资支付条例》规定："劳动关系解除或者终止时，员工月度奖、季度奖、年终奖等支付周期未满的工资，按照员工实际工作时间折算计发。"集团型企业在处理不同地域的离职员工工资发放时，需对这种规定予以特别重视。

此外，对于上一个绩效考核周期的奖金，如果员工离职时尚未发放的，那么用人单位应该及时补发，该问题在年终奖发放方面表现得更为突出。相较于中小企业，集团型企业的薪酬设计中都有为数不少的关于年终奖的篇幅。基于多方面的原因，有的集团型企业将年终奖放在第二年的年初发放，并规定发放时不在册的员工不能享受年终奖。然而，此种规定并不是企业不发放年终奖的有效依据。以上海为例，根据近几年的审判实践，笔者注意到，裁审机关在认定员工是否符合年终奖发放条件时，除了参考企业的规定外，还会综合考虑员工离职的原因。如果员工是被企业单方解除劳动合同且最后被认定为违法解除的，则是用人单位的原因导致员工在年终奖发放时不在职，从而无法获得年终奖。在这种情形下，用人单位仅凭"发放时不在册"这一规定，便很难获得裁审机构的支持。

第七节　本章总结与律师提醒

根据以上分析，结合当前我国法律在薪酬方面的相关规定，集团型企业在进行薪酬管理时，需在以下方面予以注意。

- 集团型企业在制定薪酬制度时，避免形成"铁板一块"，有必要根据工资、福利等员工所得的不同类型予以区分规定；同时需参考各省各地区的规定，实现劳动法律本地化。
- 集团型企业在与员工约定工资时，应当引入"正常工作时间工资"的概念，并与其他风险性、浮动性的奖金相区分，明确"正常工作时间工资"数额，以此作为加班费的计算基数。

- 集团型企业在进行薪酬管理时需重视企业规章制度的作用，对劳动合同中因篇幅限制而未能细化的项目予以进一步明确；集团型企业在制定规章制度时应注意制定的主体以及对于民主程序的要求。

- 集团型企业在对员工薪酬进行调整时需要以充分的前期工作作为基础，包括授权性的合同条款以及配套的规章制度，避免因单方调整工资而有违法之嫌。

- 集团型企业在进行跨区域劳动关系管理中，尤其需要对各地的不同规定予以重视。对法律适用做出合法的选择是集团型企业薪酬管理的基础。

第五章

社会保险异地缴纳

　　跨地域的集团型企业，由于其组织架构或业务需要，往往需要在多地同时配置人员。集团型企业往往也会根据经营需要，将人员在各关联公司之间进行频繁调动。此时，诸多问题便容易产生：社会保险在哪里缴费？在公司所在地、实际工作地、户籍所在地，还是其他相关地方？异地缴费是否合法合规？笔者将在本章对异地缴纳社保相关事务进行初步分析，希望能对集团型企业用工产生的社会保险缴纳问题有所澄清。

第一节　异地缴纳需求

　　自改革开放以来，中西部地区人口大量涌向东部沿海城市，满足了东部旺盛的用工需求。晚年时，绝大部分打工者选择回老家养老。随之带来一个问题：这些打工者在就业地已缴纳的社保能否一起被带走？事实上，社保转移在实践中存在一些困难。为了能够在户籍地或者其他城市享受到社保待遇，参保人员往往要在异地缴纳社保。

另外，各地社会保险政策导向也在一定程度上加剧了社保异地缴纳的需求。在发达城市，尤其是北京、上海、深圳等地，社会保险的缴纳不仅关乎养老、医疗等待遇问题，还直接与购房、购车、落户等相关。以上海为例，《上海市人民政府办公厅转发市住房城乡建设管理委等四部门关于进一步完善本市住房市场体系和保障体系促进房地产市场平稳健康发展若干意见的通知》（沪府办发〔2016〕11号）明确指出，非本市户籍居民家庭购房缴纳个人所得税或社会保险的年限，自购房之日前连续缴纳满5年及以上。2016年，上海市人民政府发布《上海市非营业性客车额度拍卖管理规定》（沪府发〔2016〕37号）第七条规定，持本市居住证明且自申请之日前已在本市连续缴纳满3年社会保险或个人所得税的居民，可申请参加拍卖。2012年，上海市人民政府发布的《持有上海市居住证人员申办本市常住户口办法》第五条规定，持证人员申办本市常住户口的，条件之一为在持有上海市居住证期间，参加社会保险满7年。而上海户口又与社会保险待遇、购房等直接相关。参保人员为了获得这些资格，可能会有异地缴纳社保的需求。

第二节　异地缴纳成因

一、社保统筹层次较低

《中华人民共和国社会保险法》第六十四条第三款规定，基本养老保险基金逐步实行全国统筹，其他社会保险基金逐步实行省级统筹，具体时间、步骤由国务院规定。统筹的意思是通盘筹划，社会保险基金省级统筹是指由省级政府对基金统收统支，全国统筹是指由全国统一的有权组织对社保基金统收统支。然而，自《中华人民共和国社会保险法》颁布以来，养老保险基金尚未实现全国统筹，甚至还未完全实现省级统筹。

2017年9月14日，人力资源和社会保障部发布《关于进一步完善企业职工基本养老保险省级统筹的通知》，并明确提出"省级统筹制度应覆盖全省（自治区、直辖市）所有地区，目前省内仍实行单独统筹的地区（含计划单列市、副省级省会城市、经济特区、各类开发园区等）要尽快将其纳入省级统筹范围，执行全省（自治区、直辖市）统一政策"。因此，截至2017年9月14日，我国养老保险基金省级统筹尚未完全实现，全国统筹更是任重而道远。

社会保险统筹层次低导致最突出的现象就是，各单独统筹地区社会保险基金独立运行，互相之间甚少发生资金往来。出于地方保护，社会保险转移接续受到严重阻碍。

二、社保转移接续不畅

社保统筹层次低，统筹地区各自为政，给转移接续造成了极大的困难。为此，人力资源和社会保障部于2009年发布《城镇企业职工基本养老保险关系转移接续暂行办法》，并指出，在参保人员转移基本养老保险关系时，个人账户储存额和单位缴费部分转移有所限制，尤其是单位缴费部分（按照12%的总和转移）。由此，社保转移后缴费总额的减少直接影响了待遇的发放，对参保人员不利。

2016年，人力资源和社会保障部发布《关于城镇企业职工基本养老保险关系转移接续若干问题的通知》，对于待遇领取地进行了更为细致的规定：以工作10年为界限，分别对应养老保险待遇领取地。该规定对于工作年限超过10年的参保人员来说，是利好；但对于流动性较强的参保人员来说，则造成了程序上的烦琐与不便，社保的转移接续仍然不畅通。

第三节　社保缴纳方式

在当前操作实务中，无论是小规模企业还是集团型企业，为劳动者缴纳社会保险，通常采用以下三种方式和途径。

一、总分机构缴纳

（一）案情简介

案例一：A公司总部设在北京，其在全国多地设有分支机构，其中B分公司设在上海，负责销售事务。出于成本及控制策略的考虑，A公司并没有在B分公司设人力资源专员，全部人力资源服务由北京总部提供。在社会保险缴纳事务方面，B分公司没有开立社保账户，转而委托当地的劳务派遣公司为其员工代为缴纳社会保险（人事代理）。

案例二：C公司是注册在上海的一家医药行业公司，主要面向医疗机构提供相关产品，其在我国多个省（市、自治区）设有销售办事处，按区域拓展销售业务。由于销售人员的工作地点相当分散，且C公司无法在相关工作地点设立分公司，故C公司将所有销售人员的劳动合同签订在上海，并在上海缴纳社会保险。

案例三：D公司是总部位于上海的一家房地产公司，其在苏州设有分公司E。劳动者与E分公司签订劳动合同，在苏州E分公司工作，工资由E分公司发放并扣缴个人所得税，社保由D公司在上海缴纳。

（二）法律分析

《中华人民共和国社会保险法》第五十七条规定，用人单位应当自成立之日起三十日内凭营业执照、登记证书或者单位印章，向当地社会保险经办机构申请办理社会保险登记。第五十八条规定，用人单位应当自用工之日起三十日内为其职工向社会保险经办机构申请办理社会保险登记。

1999年，原劳动和社会保障部颁布《社会保险登记管理暂行办法》（以下简称《办法》）。《办法》第六条规定：社会保险登记实行属地管辖；缴费单位具有异地分支机构的，分支机构一般应当作为独立的缴费单位，向其所在地的社会保险经办机构单独申请办理社会保险登记。《办法》还规定：跨地区的缴费单位，其社会保险登记地由相关地区协商确定，但属地管辖是原则。《中华人民共和国劳动合同法实施条例》第四条规定：劳动合同法规定的用人单位设立的分支机构，依法取得营业执照或者登记证书的，可以作为用人单位与劳动者订立劳动合同；未依法取得营业执照或者登记证书的，受用人单位委托可以与劳动者订立劳动合同。

综上所述，属地管辖要求用人单位在其工商注册登记地开立社会保险账户，为员工缴存社会保险费。如果异地分支机构是领取营业执照的分公司或其他具有独立用人单位资格的法律实体，那么该分支机构应当设立独立的社会保险账户。反之，如果异地分支机构不具有独立用工主体资格，那么其不需要开立独立的社会保险账户。

在以上三个案例中，B分公司领取了营业执照，作为独立的用工主体，应开立社保账户；而C公司未在各地设立分支机构，所设立的办事处没有领取营业执照的资格，不具备独立用工资格，不能开立社保账户，从而由C公司与劳动者签订劳动合同；劳动者与E分公司签订劳动合同，E分公司应在其注册地苏州为劳动者缴纳社会保险，但总、分公司之间的关联使得社会保险的异地缴纳在操作上成为可能。

二、派遣公司缴纳

2008年正式实施的《中华人民共和国劳动合同法》第五章第二节对劳务派遣进行了概括规定。2014年实施的《劳务派遣暂行规定》则对劳务派遣进行了更为细致的规定，其中第八条第四项明确规定，按照国家规定和劳务派遣协议约定，劳务派遣单位应依法为被派遣劳动者缴纳社会保险费，并办理社会保险相关手续。在集团型企业用工中，临时性、辅助性或者替代性的工作岗位可使用劳务派遣用工方式。结合前文提到的社会保险"属地原则"可知，被派遣劳动者应当在派遣单位注册地缴纳社保。此种劳务派遣用工及缴纳社会保险方式符合法律规定，但同时应当注意派遣岗位的"三性"原则，以及《劳务派遣暂行规定》第四条规定的"使用的被派遣劳动者数量不得超过其用工总量的10%"这一比例限制。

但在实际操作中还可能存在这样的情况：员工的劳动合同仍然是与用人单位签订的，但是社会保险是由劳务派遣公司代缴的，并且缴费单位是劳务派遣公司。此即为第三种缴纳方式。

三、第三方缴纳

（一）案情简介

案例一：李某是上海某科技公司员工，他与公司签订的劳动合同约定了他的工作岗位、薪酬福利等，但事实上李某的社保由北京的一家人力资源公司缴纳。

案例二：李某是上海某科技公司员工，他与公司签订的劳动合同约定了他的工作岗位、薪酬福利，但事实上李某的社保由北京的一家人力资源公司以科技公司的名义进行缴纳。

（二）法律分析

案例一和案例二极为相似，不同之处在于社会保险缴纳主体不同。案例一中，人力资源公司以自己的名义为劳动者缴纳社保；案例二中，实际上仍然是科技公司为员工缴纳社保，只是采用了委托代理的方式，由人力资源公司代为缴纳。

两者法律风险不同。案例二的方式不违反法律规定，社会保险仍然由用人单位科技公司缴纳；而案例一采用的方式，即通常所说的"人事代理"。从法理上讲，笔者认为案例一采用的方式类似于民法中的"隐名代理"，且劳动法中对于其法律地位并未进行明确，相当程度地发生了劳动关系与社会保险缴纳关系的分离。笔者认为，如此形成的法律关系只要没有损害国家利益、集体利益和劳动者的利益，也应当予以保护。具体可以参考《最高人民法院关于审理劳动争议案件适用法律若干问题的解释（三）》第八条，即企业停薪留职人员、未达到法定退休年龄的内退人员、下岗待岗人员以及企业经营性停产放长假人员，因与新的用人单位发生用工争议，依法向人民法院提起诉讼的，人民法院应当按劳动关系处理。前述规定，对于社会保险关系与实际用工关系（劳动关系）的分离做出了规定，即劳动关系与社保缴费关系的分离不应当影响劳动关系的处理。

虽然如此，在当前的法律框架下，社保代缴行为仍然存在着较大风险。假设一，如果上海社保部门发现社保代缴，由于当前法律并未明确禁止社保的重复缴纳，那么上海社保部门仍可要求上海的科技公司进行补缴，而公司则面临双重社保的成本风险。假设二，如果该劳动者发生工伤，那么科技公司有无风险？答案是肯定的，这是因为工伤认定的前提是存在劳动关系。案例一中的社会保险缴纳主体是人力资源公司，却不是用人单位，人力资源公司与劳动者之间未签订劳动合同，自然无法认定工伤。科技公司虽然是用人单位，却并未为劳动者缴纳社会保险，因此工伤认定无从谈起。本案中，劳动者无法进行工伤认定，但是《工伤保险条例》第六十二条第二款规定，应当参加工伤保险而未参加工伤保险的用人单位职工发生工伤的，由该用人单位按照本条例规定的工伤保险待遇项目和标准向劳动者支付费用。

假设三，如果上述案例中委托北京人力资源公司的是一家广州的科技公司，则广州公司有可能面临着更为严格的处罚风险。根据《广州市劳动人事争议仲裁委员会、广州市中级人民法院民事审判庭关于劳动争议案件座谈会的意见综述》第十二条规定，若劳动者以用人单位未依法缴纳社会保险费为由主张解除劳动合同，那么用人单位应向劳动者支付经济补偿金。

综上所述，笔者认为，通过人事代理方式实现社保的异地缴纳，在过去的实际操作中是可行的，但风险较大，可能会面临双重缴纳、工伤待遇支付或者经济补偿金支付等较大风险。随着社保税征新时期的到来，此种异地缴纳方式将面临怎样的挑战，目前还不得而知。

第四节　异地缴纳遭遇社保费用征收

根据《社会保险费征缴暂行条例》第六条的规定，社会保险费用的征收可以由税务部门征收，也可以由社会保险经办机构征收。因此，在全国范围内，各地社会保险费的征收有的选择税务部门征收，有的选择社会保险经办机构征收。

一、相关规定

2018年7月20日，中共中央办公厅、国务院办公厅印发的《国税地税征管体制改革方案》中明确：从2019年1月1日起，将五项社会保险费交由税务部门统一征收。此文件一出，立刻引起轩然大波——用人单位面临着社保基数申报不实被彻查的风险，历史欠费问题被提上日程。同时，集团型企业中存在的由其中一家公司为劳动者发放工资而关联公司为其缴纳社保的行为，将面临合规风险，而人力资源公司的社保代理业务也同样面临被限制甚至消失的可能。2018年9月21日，《人力资源社会保障部办公厅关于贯彻落实国务院常务会议精神切实做好稳定社保费征收工作的紧急通知》（人厅函〔2018〕246号）明确提出，禁止自行组织对企业历史欠费进行集中清缴。2018年10月16日，人力资源和社会保障部官网发布的《社会保险领域严重失信"黑名单"管理暂行办法（征求意见稿）》明确指出，对于违反社会保险相关规定的单位将会被列入社保"黑名单"。从以上规定中我们可以看出政策倾向：税务部门对过往欠费依然保留追缴权力，但严禁自行组织集中清缴，对2019年之后社保费用征收将会采取更为严格的征缴手段。

二、各地回应

在相关社保税征文件出台后，各地陆续响应并出台相关规定和细则。截至目前，税务机关在征收社会保险费用时，基本上集中在机关事业单位和城乡居民社会保险费的征收方面，如北京、广西、湖南、深圳等，而浙江税务机构目前只征收城乡居民社会保险费。《河北：关于社会保险费交由税务部门征收的公告》规定，社会保险费用全部由税务机关征收，但费用核定部门可以是社保经办机构或者是医保机构，税务机关并不对基数进行核定。从这个角度来讲，目前过渡中的政策给了企业一丝喘息的机会，为其理顺社保合规提供了时间。

根据相关文件精神，企业社保费用征收必然会纳入税务部门的职责范围之内。例如西安先行一步，将企业社保纳入税务征收。2019年3月6日，西安市社会保险管理中心发文通知，将企业职工各项社会保险费移交税务部门征收，但同时也提出2019年2月以前月份缴费及历史欠费，继续由各医疗（生育）经办机构征收。

上述社保税征相关政策将会使集团型企业中存在的一家发工资、一家缴社保现象逐渐消失，迫使集团型企业社保缴纳更加合规，而采取人力资源公司代缴社保的方式也将很难实施。

第五节　律师建议

集团型企业社保费用异地缴纳，一方面出于企业成本考虑，另一方面出于劳动者的需求，在户籍地或者工作地参保。对于劳动者有特殊需求的，企业应当及时与其进行沟通协商，向其告知公司风险利害，双方尽量达成一致意见；对于工资发放和社保缴纳相分离的，集团内部也应当及时梳理，与职工做好沟通，保持社保和工资发放主体的一致性，使集团管理更加合规；而通过第三方机构进行社保代缴的，应逐渐减少，从而将企业风险降至最低。

第六章

无固定期限劳动合同

  劳动合同是调整劳动关系的基本法律形式，也是确立劳动者与用人单位劳动关系的基本前提，在劳动法中居于核心地位，而无固定期限劳动合同又是劳动合同中极其重要的一种类型。

  不少公司认为，无固定期限劳动合同是劳动者的护身符，是用人单位的紧箍咒，一旦公司与员工签订了无固定期限劳动合同，公司在员工管理方面就会陷入困境，因此它们想尽办法避免签订无固定期限劳动合同。特别是集团型企业，其内部母公司、子公司、总公司、分公司、办事处等关联方之间的关系错综复杂，资产、股权、管理以及人员调动、借用、派遣等一连串现象屡见不鲜。集团型企业为了规避签订无固定期限劳动合同"各展其能"——采取调整劳动合同制度、变更用人单位主体等措施，但随之可能产生的法律风险点值得我们探究。

  笔者特从实务角度引入案例对集团型企业内的无固定期限劳动合同管理做系统分析，综合实操中容易涉及的法律风险点予以解析，以期能够给用人单位、劳动者以及从事劳动法业务的法律工作者提供一些实务参考。

第一节　法律依据

无固定期限劳动合同的规定，主要依据为《中华人民共和国劳动合同法》第十四条。规定如下：

第十四条　无固定期限劳动合同，是指用人单位与劳动者约定无确定终止时间的劳动合同。

用人单位与劳动者协商一致，可以订立无固定期限劳动合同。有下列情形之一，劳动者提出或者同意续订、订立劳动合同的，除劳动者提出订立固定期限劳动合同外，应当订立无固定期限劳动合同：

（一）劳动者在该用人单位连续工作满十年的；

（二）用人单位初次实行劳动合同制度或者国有企业改制重新订立劳动合同时，劳动者在该用人单位连续工作满十年且距法定退休年龄不足十年的；

（三）连续订立二次固定期限劳动合同，且劳动者没有本法第三十九条和第四十条第一项、第二项规定的情形，续订劳动合同的。

用人单位自用工之日起满一年不与劳动者订立书面劳动合同的，视为用人单位与劳动者已订立无固定期限劳动合同。

第二节　案例分析

一、案情简介

梁某于2005年6月6日入职江苏A公司，双方签订了2005年6月6日至2008年6月5日、2008年6月6日至2011年6月5日的两份劳动合同，约定岗位为品控主管，工作地点为位于上海某技术开发区内的上海B公司。实际情况是，梁某每年在江苏工作半年、在上海工作半年。后来，梁某与上海B公司签订了2011年3月17日至2014年3月16日、2014年3月17日至2017年3月16日的两份劳动合同，约定岗位及工作地点与梁某和江苏A公司签订的劳动合同内容一致——实际工作地点为上海。上海B公司的原100%控股股东为江苏A公司。2015年，江苏A公司将其持有的上海B公司的所有股权转让给其他公司，并于2015年10月28日变更了股东登记资料。2017年3月初，上海B公司向梁某出具了劳动合同到期不续签通知。

梁某认为，江苏A公司与上海B公司是关联企业，在他与两家公司签订的劳动合同中，关于工作岗位、工作内容、工作地点的约定都是一致的；虽然江苏A公司在2015年将上海B公司卖出，但实质上两家公司应被视为一家公司；他为公司已连续工作10多年，B公司应当与其签订无固定期限劳动合同。由于与公司交涉未果，梁某提起劳动仲裁，后诉至法院。

B公司认为，A公司与B公司是两个独立法人，各自具备独立的用工主体资格，不应当一概而论。而且在期满终止劳动关系时，B公司与A公司已没有法律上的关系，B公司无义务承担梁某在A公司的工龄。因此，B公司有权根据劳动合同的约定依法终止双方的劳动关系。

二、法院判决

梁某于2005年6月6日入职江苏A公司，他与江苏A公司、上海B公司签订的四份劳动合同中，关于工作地点、工作岗位、工作内容的约定一直未变，且约定的劳动合同期间有所重叠。当劳动合同主体从江苏A公司变更为上海B公司时，江苏A公司仍是上海B公司的控股股东，因此两家公司为关联企业，且两家公司存在对梁某混同用工的情况。另外，上海B公司无证据证明劳动合同主体的变更是劳动者本人原因造成的。因为梁某在该公司的实际工作年限已经满10年，所以在接到劳动合同到期不续签通知后，梁某立即提出与上海B公司签订无固定期限劳动合同，他的要求是符合法律规定的。因此，上海B公司违法终止劳动关系，应当恢复与梁某的劳动关系。

三、案例解析

第一，本案是规避《中华人民共和国劳动合同法》第十四条中关于签订无固定期限劳动合同规定的典型案例。争议的焦点实质是：对于劳动者先后在两家关联企业工作，如何看待用人单位利用关联企业的独立法人地位交替变换用人单位名称与劳动者签订的不同劳动合同的效力，以及劳动者在此期间的工作年限是否因此而中断。因此，本案中梁某工作年限的认定至关重要。

第二，关联企业一般是指直接或间接地控制其他企业或受其他企业控制，以及同受某一企业控制的两个或多个企业，例如母公司、子公司、受同一母公司控制的子公司之间。可见，关联企业最大的特点就是具有独立法人资格，且作为法律上平等民事主体的企业间存在组织上的控制和被控制关系。《中华人民共和国公司法》第二百一十七条也对关联关系做了法律上的界定：关联关系是指公司控股股东、实际控制人、董事、监事、高级管理人员与其直接或间接控制的企业之间的关系，以及可能导致公司利益转移的其他关系。在本案中，江苏A公司在2015年10月之前是上海B公司的100%控股股东，实际上两家公司是母子公司的关系。最终，两家公司被法院认定在2015年10月之前为关联企业。

第三，《中华人民共和国劳动合同法实施条例》第十条规定："劳动者非因本人原因从原用人单位被安排到新用人单位工作的，劳动者在原用人单位的工作年限合并计算为新用人单位的工作年限。原用人单位已经向劳动者支付经济补偿的，新用人单位在依法解除、终止劳动合同计算支付经济补偿的工作年限时，不再计算劳动者在原用人单位的工作年限。"对于何为"劳动者非因本人原因从原用人单位被安排到新用人单位工作"，《最高人民法院关于审理劳动争议案件适用法律若干问题的解释（四）》第五条罗列了四种情形："（1）劳动者仍在原工作场所、工作岗位工作，劳动合同主体由原用人单位变更为新用人单位；（2）用人单位以组织委派或任命形式对劳动者进行工作调动；（3）因用人单位合并、分立等原因导致劳动者工作调动；（4）用人单位及其关联企业与劳动者轮流订立劳动合同。"在本案中，工作地点、工作岗位、工作内容等劳动合同履行的主要条款在四份劳动合同中的表述基本一致，且约定的劳动合同期间有所重叠，上海B公司并无证据证明用人单位主体的变更是劳动者本人原因造成的。据此，法院认定劳动合同主体变更均非由梁某自己的意志决定的，而是被动接受关联企业的安排，上海B公司应当承继梁某与江苏A公司签订劳动合同期间的工龄。

第四，在实践中，出现类似本案争议焦点问题的原因是多方面的。一方面，用人单位可能会因为客观的实际需要或员工自身的发展诉求而主动或被动调整员工的工作。另一方面，也有部分公司为了达到逃避法律责任、中断连续工龄、减少对劳动者经济补偿金等相关款项支出的目的，在未办理相关离职手续和支付补偿的情况下恶意将劳动者安排至其关联公司工作。当发生劳动争议时，劳动者先后工作过的两家公司往往以自己是独立法人单位为由，否认劳动者在两家关联公司的工龄应该连续计算。通常，前一家公司以诉讼时效作为抗辩理由，后一家公司否认前一家公司的相关义务应由其承担。

第五，无论是客观原因还是主观因素造成的关于本案的争议，劳动争议仲裁委员会、法院在审理此类劳动争议问题时，一般都会考虑以下两个因素。

（一）劳动者先后工作过的公司是否为关联企业

　　一般来说，劳动者先后到两家不同的公司工作，应由各用人单位分别承担相应的法律义务。虽然关联公司是法律上相互独立、地位上相互平等的主体，但是实际上关联人通过股权控制等多种制度安排，控制了另一公司的运行，包括员工管理及劳动关系领域内的相关调整，因此关联公司对于员工利益的攫取便有可乘之机。实践中大量存在的情况是，在调整劳动者实际服务的公司时，用人单位并未主动提出解决相关问题，包括工龄的承继、经济补偿金的计算等。由于劳动者接受公司在工作上的管理和支配，处于相对的弱势地位，且劳动者考虑到前后两家用人单位为关联公司这一因素，一般对相关问题并未细究，最终导致争议的发生。对于集团型企业而言，如果关联企业仅仅在形式上交替变更用人单位主体，但实际对劳动者的相关工作内容、工作地点、薪资报酬等都保持不变，一旦司法机关认定企业间属于关联关系，且企业无法提供相反的证据，那么企业的行为很可能被最终认定为恶意规避法律行为且司法机关会判其解除或终止劳动合同的行为无效。

（二）劳动者的工作调整是否由其主观意志决定

　　用人单位与劳动者实际上是管理与被管理、支配与被支配的关系，劳动者在工作中需要遵守用人单位的规章制度，接受用人单位的劳动管理和工作安排。因此，在关联公司调整劳动者的工作时，劳动者往往处于被动接受的状态，并不能由自己决定新、旧职位的变更与否。但是，由劳动者主动追求而引发的工作调整，则应另当别论。因此，关联公司中员工工龄及经济补偿金的计算等问题与先后在普通的两家公司中工作的处理方式相同，即劳动者是出于自身原因离开前一家公司，则后一家公司不应承继前一家公司作为用人单位应尽的法律义务，但举证责任由公司承担。

当发生本案类似争议时，公司往往以关联企业的独立法人地位为由进行抗辩，其实这是片面地理解了原劳动部办公厅对《关于如何理解"同一用人单位连续工作时间"和"本单位工作年限"的请示》的复函中的规定，即"同一用人单位连续工作时间"是指劳动者与同一用人单位保持劳动关系的时间。利用关联企业的关系交替签订劳动合同，在形式上中断了劳动者的工作年限，试图规避"同一用人单位"，这种做法最终还是导致公司承担了违法后果。

此案也可以为其他集团型企业无固定期限劳动合同的实务管理提供警示，即形式上的规避行为存在相应的法律风险。部分地区针对实务中出现的大量规避行为已经制定相关规定，如《广东省高级人民法院、广东省劳动争议仲裁委员会关于适用〈劳动争议调解仲裁法〉、〈劳动合同法〉若干问题的指导意见》第二十二条规定："用人单位恶意规避《劳动合同法》第十四条的下列行为，应认定为无效行为，劳动者的工作年限和订立固定期限劳动合同的次数仍应连续计算：（一）为使劳动者'工龄归零'，迫使劳动者辞职后重新与其签订劳动合同的；（二）通过设立关联企业，在与劳动者签订合同时交替变换用人单位名称的；（三）通过非法劳务派遣的；（四）其他明显违反诚信和公平原则的规避行为。"《深圳市中级人民法院关于审理劳动争议案件的裁判指引》以及北京高院组织的内部研讨文件中也有类似规定。即便有些地区没有制定相关规定，目前各地司法机关基本上也都根据上述原则来判断用人单位是否存在恶意规避的行为。

第三节　实务解析

除了上述案例中关联企业交替变换用人单位主体、故意中断劳动者工龄、避免签订无固定期限劳动合同的行为外，集团型企业常用的规避签订无固定期限劳动合同方式还包括如下几类。

一、双方约定"买断工龄"是否可以规避连续十年签订无固定期限劳动合同

大型集团型企业中老员工所占比例较大，有些公司为了规避"在该用人单位连续工作满十年"签订无固定期限劳动合同，便与连续工作年限即将达到或超过十年的员工签订"买断工龄"协议书，对员工之前的工作年限进行"买断"，并向员工支付相应的经济补偿。同时，协议书中约定：在重新签订劳动合同后，之前的工龄不予以连续计算，双方不存在任何争议。

笔者认为，《中华人民共和国劳动合同法》第十四条规定的"连续工作满十年"是一个客观事实，只要劳动者一直不间断地在该用人单位提供劳动，即符合该条件。在用人单位与劳动者签订协议"买断工龄"后，劳动者仍继续为该用人单位提供劳动

的，其工作年限仍会连续计算；而协议书中约定"买断"之前的工龄不予连续计算明显违反法律规定，属于无效条款，当劳动者连续工作年限达到十年以上时，用人单位同样负有签订无固定期限劳动合同的义务。

二、集团内的关联企业员工"连续"工作年限由员工"主动"中断，或公司要求员工辞职再聘用到集团旗下其他公司，以规避无固定期限劳动合同的签订，是否可行

实践中的一般表现为：公司要求员工先辞职，过一段时间再入职，或者在劳动合同到期后终止劳动合同，过一段时间再聘用，让连续工作年限和连续二次固定期限劳动合同发生"中断"，以规避无固定期限劳动合同的签订。

由于《中华人民共和国劳动合同法》对"连续"二字的含义没有做出具体规定，各地实务操作中对"连续二次"具体是指第二次还是第三次签订劳动合同规定不一，导致了实践中各种"辞职"事件层出不穷。如员工有证据证明公司为使员工"工龄归零"，迫使员工辞职后重新与其签订劳动合同，那么该劳动合同将很可能最终被认定为恶意规避《中华人民共和国劳动合同法》的规定而无效，员工的工作年限和订立固定期限劳动合同的次数仍应连续计算。

为了堵住这个漏洞，有一些地区已经出台了地方性的指导意见。比如，《广东省高级人民法院、广东省劳动争议仲裁委员

会关于适用〈劳动争议调解仲裁法〉、〈劳动合同法〉若干问题的指导意见》第二十二条规定："用人单位恶意规避《劳动合同法》第十四条的下列行为，应认定为无效行为，劳动者的工作年限和订立固定期限劳动合同的次数仍应连续计算：（一）为使劳动者'工龄归零'，迫使劳动者辞职后重新与其签订劳动合同的……"《深圳经济特区和谐劳动关系促进条例》第二十四条规定："用人单位与劳动者解除或者终止劳动合同，在六个月内重新订立劳动合同的，除因劳动者违反《劳动合同法》第三十九条规定被用人单位解除劳动合同外，劳动者在本单位的工作年限应当连续计算。"《合肥市劳动用工条例》中也有类似规定。

三、当员工符合签订无固定期限劳动合同的条件时，员工却与公司签订了固定期限合同，该固定期限劳动合同有效吗

对于这个问题，司法实践中有两种截然不同的观点。

观点一，该固定期限劳动合同无效。在实践中，有些公司在员工符合签订无固定期限劳动合同的条件时，利用《中华人民共和国劳动合同法》第十四条"除劳动者提出订立固定期限劳动合同外"的表述，迫使员工提出订立固定期限劳动合同，从而不与员工签订无固定期限劳动合同。严格从法条来分析，在符合签订无固定期限劳动合同的前提下，即使员工同意与公司签订了固定期限劳动合同，此份劳动合同到期后仍旧符合签订无固定期限劳动合同的条件；如果员工事后提出希望与公司签订无固

定期限劳动合同，那么公司仍负有订立无固定期限劳动合同之义务。

观点二，该固定期限劳动合同有效。《中华人民共和国劳动合同法》第三条规定："订立劳动合同，应当遵循合法、公平、平等自愿、协商一致、诚实信用的原则。"在员工符合签订无固定期限劳动合同的条件时，如果员工自愿与公司签署固定期限劳动合同，那么这是员工对自身权利的处分，应当予以尊重。目前，上海地区对此有相关规定，《上海市高级人民法院关于适用〈劳动合同法〉若干问题的意见》第四条规定："劳动者符合签订无固定期限劳动合同的条件，但与用人单位签订固定期限劳动合同的，根据《劳动合同法》第十四条及《实施条例》第十一条的规定，该固定期限劳动合同对双方当事人具有约束力。合同期满时，该合同自然终止。"

四、仅在履行劳动合同过程中对期限进行变更，而非"订立"劳动合同，是否可规避"连续订立二次固定期限劳动合同"

在实践中，有些公司通过与员工签订劳动合同变更协议的方式对劳动合同期限予以变更并加以延长，即通过对劳动合同进行变更规避"续订"劳动合同，或者在劳动合同中约定劳动合同到期后双方如无异议则自动续延，避免"订立"过程，从而企图避免连续订立二次固定期限劳动合同后所面临的无固定期限劳动合同的签订。此种处理方式直接涉及劳动合同期限的变更，很可能被司法机关认定为"以合法形式掩盖非法目的"，从而被判定变更行为仍计入签订劳动合同的次数。

《江苏省劳动合同条例》第十七条对类似行为有相关规定："按照用人单位与劳动者的约定，劳动合同期满后自动续延的，视为双方连续订立劳动合同。用人单位与劳动者协商延长劳动合同期限，累计超过六个月的，视为双方连续订立劳动合同。"《青岛市人力资源和社会保障局关于规范劳动关系有关问题的意见》也规定："用人单位与劳动者在劳动合同中约定劳动合同期满后自动续延的，视为再次订立劳动合同。"

五、通过劳务派遣单位派遣用工，是否可以无须签订无固定期限劳动合同

劳务派遣是一种劳动力雇佣与劳动力使用相分离，"有关系没劳动，有劳动没关系"的特殊用工方式。劳务派遣用工是否应当签订无固定期限劳动合同的问题，司法实践中也有两种截然不同的观点。

观点一，无须签订无固定期限劳动合同。首先，《中华人民共和国劳动合同法》第五十八条第二款规定："劳务派遣单位应当与被派遣劳动者订立二年以上的固定期限劳动合同，按月支付劳动报酬。"劳务派遣属于特别用工方式，在《中华人民共和国劳动合同法》中被列入第五章"特别规定"项下，与非全日制用工及集体合同并列，以此区别于一般标准劳动合同用工。故上述条款属于特别规定，当该特别规定与签订无固定期限劳动合同的

一般规定存在冲突时应优先适用该特别规定。其次，上述条款法律表述为"应当"，属于强制性立法规定，因此该等条款中的"二年以上"及"固定期限劳动合同"成为劳动者与劳务派遣单位应当遵循的强制规范，这也排除了双方签订无固定期限劳动合同的法律适用。最后，如果劳务派遣单位与劳动者签订无固定期限劳动合同，那么将与"劳务派遣用工是补充形式，只能在临时性、辅助性或者替代性的工作岗位上实施"的规定产生矛盾。因此，劳务派遣单位无须与劳动者签订无固定期限劳动合同。

在实践中，有些劳务派遣单位和实际用工单位采用观点一来规避签订无固定期限劳动合同。通常的做法是：在与员工的劳动合同到期后，公司告知员工与某劳务派遣公司签订劳动合同，再由劳务派遣公司派遣其到原公司工作，一般保持工作岗位、工资待遇等条件不变。在员工连续工龄满十年或者连续签订二次固定期限劳动合同时，用工单位将以员工属于劳务派遣员工，以不符合条件为由拒绝签订无固定期限劳动合同。如果员工不同意与劳务派遣公司签订劳动合同，那么合同期满时，用工单位便会与员工终止劳动合同。

观点二，如满足法定条件，那么劳务派遣单位与劳务派遣员工应当签订无固定期限劳动合同。首先，综观《中华人民共和国劳动合同法》的立法体例，其第十四条属于对劳动合同的订立问题所做的一般性规定，而第五十八条虽然在第五章关于劳务派遣的特别规定项下，但这只能说明因劳务派遣有一定的特殊性而专门予以规制，而不能当然认为劳务派遣用工方式下订立的劳动合同独立于一般劳动合同之外。其次，第五十八条第一款首先明确"劳务派遣单位是本法所称的用人单位，应当履行用人单位对劳动者的义务"。也就是说，对于《中华人民共和国劳动合同法》规定的用人单位应尽的义务，劳务派遣单位均应履行，这其中当然包括符合无固定期限劳动合同签订条件时即应当签订。最后，从立法本意来看，《中华人民共和国劳动合同法》规定无固定期限劳动合同的目的是解决实际用工中的劳动合同短期化问题，保障劳动者的合法权益。如果将第五十八条第二款理解为除外条款，劳务派遣单位与被派遣劳动者不适用无固定期限劳动合同的法律规定，则可能会存在用人单位通过劳务派遣方式规避无固定期限劳动合同订立从而损害劳动者合法权益的情况，这显然与《中华人民共和国劳动合同法》的立法本意相悖。因此，劳务派遣单位仍应适用《中华人民共和国劳动合同法》第十四条关于签订无固定期限劳动合同的法律规定。

从最近两年的判决情况来看，司法机关逐渐倾向于观点二，即只要满足法定条件，劳务派遣单位就应当与劳务派遣员工签订无固定期限劳动合同。另外，《劳务派遣暂行规定》规定："用工单位只能在临时性、辅助性或者替代性的工作岗位上使用被派遣劳动者。用工单位应当严格控制劳务派遣用工数量，使用的被派遣劳动者数量不得超过其用工总量的10%。"因此，对于集团型企业来说，如何使用及管理劳务派遣员工值得重点规划。

第四节　律师建议

众所周知，就业是最大的民生，就业局势持续稳定也是政府的主要工作任务之一，而集团型企业有能力承载大量的就业人口，被赋予了更多的企业责任。就现有情况来看，无固定期限劳动合同的签署是大势所趋，集团型企业没有必要逆势而为。笔者建议集团型企业对以下几个方面予以关注。

第一，招聘。企业在招聘时要重视岗位合理配置，力争人岗匹配。首先，企业在招聘前需进行岗位需求分析，因需设岗，清楚地设定相应工作岗位的任职资格和工作内容。其次，企业要严格招聘过程，采用科学合理的方法，努力做到合理的人岗匹配。最后，企业的组织架构最好采用扁平化结构——部门及人员少而精，避免人浮于事，从而降低内耗及企业管理成本。

第二，规章制度。企业应编制科学合理的薪酬体系及绩效考核体系，建立健全内部规章制度。合理的薪酬体系是保留人才的前提，科学的绩效考核体系是筛选人才的关键，而内部规章制度为企业管理员工、解除违规违纪或不胜任工作的员工的劳动关系提供了制度依据。这样也可以向无固定期限劳动合同员工发出信号，即无固定期限劳动合同不代表终身雇用，如果员工自身存在问题，那么企业同样可以单方面解除劳动合同。

第三，员工管理。企业应对岗位和员工进行评估和分类，在合法的前提下与不同的员工签订不同类型和期限的劳动合同，以最大限度地发挥无固定期限劳动合同的作用，同时有效地消除一些负面效应。

■ 对于具有不可替代性的关键员工、有特殊贡献的员工，或者工作保密性强、技术复杂、需要保持人员稳定的岗位上的员工，企业可与其签订无固定期限劳动合同，这样有利于减少频繁更换关键岗位的关键人员而带来的损失，员工也可以获得职业的长期稳定并具备更强的企业归属感。

■ 对于临时性的、可替代性强的岗位上的员工，企业可以适当采用劳务派遣或非全日制用工的方式，最大限度地实现灵活用工，降低内部管理成本。

■ 对于有明确阶段性要求的岗位，企业可充分利用"以完成一定工作任务为期限的劳动合同"这一劳动合同形式。如果工作任务完成，则劳动合同终止，企业也无须支付经济补偿金。

第四，合同管理。企业应重视劳动合同管理工作，合理设计劳动合同文本及条款，使之既能结合企业发展的实际，又能适应长期使用的需要，比如对工作内容、工作地点、劳动报酬等进行特别设计。

不可否认，在集团型企业内部，母公司、子公司、总公司、分公司、办事处组织机构复杂，更可能分布于不同的区域或者跨产业经营。关联企业间错综复杂的资产关系、股权关系、管理关系以及人员调动、借用、派遣关系，一连串复杂的关系必然使员工关系管理面临巨大的挑战。但作为行业标杆的集团型企业，合法性以及合规性是一贯的经营原则，因此在无固定期限劳动合同管理方面，集团型企业必须在法律框架下行事，并采取与之配套的一系列措施，如完善招聘流程、完备规章制度等，以期增强企业凝聚力，激发员工工作积极性，培养员工对企业的认同感，从而构建和谐稳定的劳动关系。

第七章

培　训

随着《中华人民共和国劳动合同法》的颁布实施，国家从法律层面明确了用人单位提供专项培训费用，对劳动者进行专业技术培训的，可以约定服务期。企业出于吸引和留用人才的需要，也会不遗余力地给员工提供各种培训发展机会，或是给予员工优厚的特殊待遇，并与员工约定服务期。对于员工而言，出于谋求个人发展等原因在服务期内离职的案例也屡见不鲜。劳资双方的利益发生碰撞，争议频发。

集团经济的规模化发展是企业发展的一大趋势，集团或关联企业内部人才资源的分享也是集团型（关联性）企业的竞争优势之一。集团型（关联性）企业在给员工进行培训及约定服务期等方面不仅有与一般企业相同的问题和困惑，也存在一定的特殊性，如培训费的分担、服务期履行等。本章在常见培训与服务期纠纷的基础上，结合集团型（关联性）企业的特殊性，通过《中华人民共和国劳动合同法》实施十多年来的实际案例，分析培训与服务期管理中的常见问题并提供相关建议。

第一节 培训费

我们针对集团型（关联性）企业内部调遣员工的培训调查显示，一半以上的集团型（关联性）企业都存在由集团公司、上级公司或关联公司先行垫付培训费用的情况，部分企业在培训结束后也会进行内部结算并保留相关凭证，但仍有部分企业将培训成本纳入集团公司、上级公司或关联公司的成本中而未进行独立结算，或者即使进行结算也只是内部财务上的成本划分而无法出具相应的凭证。集团型（关联性）企业的后一惯常操作，在实践中却极易引发争议，最常见的争议焦点就是员工的"用人单位"是否实际出资。

一、案情简介

A公司是一家总部位于北京的外资公司，在国内各大主要城市均设有子公司或分公司。2008年3月，A公司通过校园招聘，从全国各地的大学中招聘了50名优秀大学毕业生，分派到下属各子公司、分公司工作。在他们正式工作前，A公司准备在北京总公司对这批招聘的大学生进行为期半年左右的培训。2008年7月左右，这批大学生先后与各子公司或分公司签订了劳动合同及培训协议。培训协议中约定，各子公司或分公司将为这批学生提供为期半年的培训；而在培训结束后，这些学生必须为各子公司或分公司服务三年。

李某是这批学生中的一员。2008年7月5日，李某与A公司在上海设立的子公司签订了劳动合同及培训协议。2008年9月1日，李某与其他49名学生一起到达A公司北京总部开始了为期5个多月的培训（至2009年2月15日止）。在培训结束后，李某于2009年3月1日正式回上海公司报到并工作。根据李某与上海公司签订的培训协议，李某应为上海公司服务三年，即至2012年2月28日止。2010年3月，李某以个人事业发展及家庭情况为理由向上海公司提出了辞职申请。上海公司接受了李某的辞职，但因李某未服务满三年，故上海公司要求其在离职前按比例返还相应的培训费用。上海公司根据培训协议的约定，将李某在A公司进行培训期间的相关费用清单发送给李某，要求李某进行赔付。清单中包括了李某在北京培训期间的住宿费、交通费、生活津贴、课程费以及上海公司应支付给A公司的代培费等。李某表示，清单中除交通费外的其他费用均系A公司支付的，上海公司并未实际出资，而且代培费是两家公司自己说了算的，存在恶意串通抬高代培费的可能，而他与A公司也没有服务期的约定，所以培训协议中有关赔偿的条款无效。鉴于李某不同意返还培训费，上海公司诉至仲裁，要求李某按比例返还该笔培训费。

经庭审查明，双方认可A公司系上海公司的母公司，李某确实在A公司接受了为期半年左右的培训，相关的费用中住宿费、生活津贴及课程费由A公司统一代为支付，上海公司未与A公司进行结算，交通费由上海公司实报实销，培训协议中所约定的上海公司应支付给A公司的代培费暂未支付。上海公司认为，A公司为其母公司，其实它们就是一家单位，A公司支付的费用也应作为上海公司的支出。

鉴于此，仲裁认定，双方对培训均无异议，培训协议中也对培训费进行了约定，培训协议合法有效。但在这些费用中，除交通费外，其他均非上海公司支付或仍未支付，故不属于上海公司的实际出资。虽然A公司与上海公司具有一定的关联性，但并不属于同一家用人单位，故仲裁对代培费用等部分未予支持，裁决李某应按比例返还上海公司相应的交通费部分。

上海公司不服仲裁裁决，诉至法院。在法院审理期间，上海公司与A公司就相关培训费用，包括住宿费、生活津贴、课程费及代培费进行了结算，并向法院提交了支付凭证。最终，法院认定：根据双方培训协议的约定，交通费、住宿费、生活津贴、课程费及代培费均属于培训费用的一部分，亦符合劳动合同法的相关规定；其中的代培费在培训协议中已有约定，即李某表示认可并接受；虽然上海公司之前并未实际支付，但A公司作为母公司实际支付了该笔费用，李某也从中受益，并接受了培训；同时，上海公司与A公司也就相关费用进行了实际结算，因此李某应当返还相应的培训费。

二、案例评析

本案中的上海公司与李某对于培训的事实均无异议，双方争议焦点在于所谓的培训费用是否属于上海公司的实际支出，哪些应当返还。

《中华人民共和国劳动合同法实施条例》(以下简称《实施条例》)第十六条规定,所谓的专项培训费用,包括用人单位为了对劳动者进行专业技术培训而支付的有凭证的培训费用、培训期间的差旅费用以及因培训产生的用于该劳动者的其他直接费用。在此条款中,认定哪些属于培训费最关键的原则是看是否因培训而产生。换言之,没有培训,培训费用就不会产生。因此,培训费应当包括由用人单位所承担的因培训而发生的各种学杂费、培训费、往返交通费、住宿费、服装费、参观考察费以及在外期间生活补贴等费用。而对于这些费用,《实施条例》亦强调必须"有凭证",即实际支付,用人单位需提供确已支付有关培训费用的财务凭证,如发票、汇款单等。

本案在仲裁委的裁决中,除交通费外,其他费用并没有得到支持,因为仲裁委认定上海公司并未实际支付。虽然支付相关费用的A公司是上海公司的母公司,但它们属于不同的法人实体及不同的用人单位,A公司的支出并不能必然等同于上海公司实际支付。所以,仲裁委未支持该笔费用不无道理。最终,法院认定李某应当返还培训费,也是建立在上海公司与A公司进行了实际结算的基础之上的。

另外,本案中还有一个值得留意的地方,即李某曾指出上海公司支付给A公司的所谓的代培费可以由两家公司任意约定金额(两家公司可以恶意抬高这部分费用),对劳动者来说不公平。对此,法院并未采纳李某的观点,因为双方在培训协议中对此早有约定,李某在培训协议上也签字认可了,故这一项抗辩理由不成立。

三、律师建议

《中华人民共和国劳动合同法》规定，劳动者违反服务期约定，违约金数额不得超过用人单位提供的培训费，并按照服务期尚未履行的部分进行分摊。因此，培训费的认定在处理此类争议案件中至关重要。对于集团型（关联性）企业而言，互相代为支付培训费属于集团内部惯例或者统一培养人才的需要，但企业管理理念应当时刻与法律的要求保持一致，从而做到事半功倍。

根据上述案例，笔者对集团型（关联性）企业有以下几点建议：

- 厘清账务，适时结算。很多集团型（关联性）企业经常会将员工派到总部或其他兄弟公司参加培训。由于它们隶属同一集团，一些培训费用（如住宿费、生活费等）往往由当地公司代为支付，事后并未结算。但是，正如上述分析，集团公司或者关联公司都是独立法人主体和不同的用人单位，两家公司的出资不能混同。因此，我们要做到：员工为谁服务，费用就应由谁支出，厘清账务，适时结算。
- 事先约定培训费用。虽然《实施条例》规定了培训费用的范围，但相关叙述却比较笼统，而实际操作情况纷繁复杂，每次具体的培训都可能出现不同名目的费用，尤其是关联公司之间相互支付的费用。因此，笔者建议，企业在与员工签订培训协议时，要明确约定培训费所包含的项目明细，尤其是关联公司之间相关支付的费用，当然这部分费用应当具有合理性。如果具体项目或金额无法确定，那么培训协议中可以约定"以实际发生为准"，待培训结束之后，双方当事人再确认相关费用，以防发生争议。

■ 保留支付凭证。除了明确约定培训费以外，集团型（关联性）企业还需注意保留支付培训费用或结算的凭证。集团型（关联性）企业内部在进行费用结算时，应就培训费用单独结算或者在支付凭证中明确结算的项目，否则如果与其他费用混同结算且无法明确结算项目，则很难证明所支付或结算的款项属于因培训而产生的费用。

第二节　服务期的履行

一、案情简介

2008年2月5日，B集团公司（位于上海）因下属公司业务发展需求，出资派遣吴某等5名员工至法国总部接受为期两个月的培训。双方签订了培训协议，其中约定，在培训结束后，吴某等人须为B公司服务三年，且由于此次培训是因B集团下属公司业务发展的需要而进行的，故在此三年的服务期内，B公司可以将吴某等人派至B公司下属的各子公司或分公司工作，吴某等人应当同意，否则将作为违反服务期的约定而受到处理。2008年4月底，吴某等人在结束法国培训后回B公司工作。2008年6月，B公司与吴某提出因其下属杭州子公司业务拓展，需要派吴某至杭州子公司工作两年。吴某表示不同意公司的该项安排，如果B

公司要派他到杭州子公司，那么他将提出辞职。B公司认为，根据双方培训协议的约定，吴某同意在三年的服务期内到B公司下属的分公司或子公司工作，而且当时派遣吴某等人去法国培训，就是为了满足下属公司发展的需要，因此吴某不同意这项安排就等于违反了双方服务期的约定。吴某如果辞职，就应按照培训协议的约定支付相应的违约金。吴某则表示：培训协议是B公司提供的格式版本，这一约定与劳动合同法的规定相冲突；根据劳动合同法的规定，工作地点的变更需要与员工协商一致；他本人的家庭在上海，到杭州工作两年对其家庭生活会产生严重影响，关系其切身利益，因此公司在调派他去杭州工作时应得到他本人同意；而且，出资为其提供培训的是B公司，他的服务对象也是B公司，而杭州子公司与B公司属于独立的法人主体，他可以继续在B公司服务，但B公司要调他去杭州工作，是B公司违反合同约定在先，故他不应承担任何违约责任。双方争执不下，B公司于2008年6月25日向吴某发放了工作调派通知书，要求其自2008年7月1日起至杭州子公司报到。吴某在接到该通知书之后即向B公司提出辞职。在辞职信中，吴某指出因B公司随意调派其工作地点，未与其协商一致，未按劳动合同的约定提供劳动条件，故其无法完成服务期的工作，从而被迫提出辞职。

在吴某提出辞职后，B公司即委托律师向吴某发出了律师函，要求吴某按协议约定支付违约金。吴某置之不理。之后，B公司向仲裁委员会提出仲裁申请，要求吴某支付违约金。在庭审中，双方提出了各自的意见。后在仲裁委员会的调解下，双方达成一致，吴某给予B公司一定的补偿。

二、案例评析

本案争议的焦点在于B公司是否可以按照培训协议的约定调派吴某至杭州子公司工作。

《中华人民共和国劳动合同法》规定："用人单位为劳动者提供专项培训费用，对其进行专业技术培训的，可以与该劳动者订立协议，约定服务期。"对于该条规定，我们通常的理解是"谁出资为谁服务"。但在实践中，具体事件往往比较复杂。尤其对于集团型（关联性）企业而言，由集团公司或总公司出资为下属企业培训人才的情况屡见不鲜，并可能约定劳动者为下属企业提供服务。这就出现了出资与服务对象不一致的情况，上述案例就颇具代表性。《中华人民共和国劳动合同法》对此并没有明确的规定或解释，因此也造成了实践中的争议不断。而本案中同时又出现工作地点变更的情况，因此吴某和B公司的意见也都不无道理。

根据《中华人民共和国劳动合同法》的规定，工作地点属于劳动合同的必备条款，而变更劳动合同约定的内容必须由用人单位和劳动者协商一致。因此，在吴某明确表示不同意变更工作地点的情况下，B公司不能单方变更；B公司不能在原来的工作地点安排工作即表示其无法提供原劳动合同约定的劳动条件。虽然培训协议上约定了B公司可以将其派到下属的分公司或子公司工作，但协议并没有明确派驻的时间、地点等情况。签订协议的时候，吴某并没有想到要到外地的子公司去，而且长达两年，因此培训协议的约定不能作为B公司单方变更的有效依据。因此，吴某提出辞职不需要赔偿违约金。

从B公司的立场来看，在签订培训协议时，吴某就已经知晓此次培训的目的是B公司为下属企业的发展而进行的一次培训，并且培训协议上也明确约定了B公司会将接受培训的员工派到下属企业服务。既然吴某在培训协议上签字了，而且接受了培训，这就代表吴某接受到下属分公司或子公司去工作，而吴某对B公司下属企业的情况也很清楚，因此吴某不愿意按照培训协议的约定到杭州子公司工作，即表示吴某未履行完服务期，按照培训协议的约定应当赔偿B公司相应的违约金。

本案最终是调解结案的，仲裁庭并没有对争议焦点进行论述。笔者认为，我们不能片面地理解和运用法条，而应当具体情况具体分析。就集团型（关联性）企业而言，从企业管理和发展的角度出发，集团公司为下属企业培养人才的情况时有发生，这也是企业自主性的体现。随着企业规模化发展的日益加强，这种现象将越来越多。就本案而言，B公司作为集团公司，为下属分公司或子公司的发展提供人才培训无可厚非，在明确告知接受培训的员工培训目的之后，与员工在培训协议中约定将其派往下属分公司或子公司服务也是合理合法的。双方在此情况下签署的协议约定并不违反法律的强制性规定。但是，在本案中，B公司最终要派吴某到杭州子公司工作两年，这一调派涉及较长时间的工作地点的变更，确实与员工切身利益息息相关，而由于培训协议的签订仍然较为笼统，并没有让员工有足够的预期，所以B公司单方面调派吴某去杭州子公司工作对吴某而言的确有失公平合理。但换言之，如果在培训前B公司事先明确告知员工在培训期满后会涉及工作地点的变更及变更时间，并且员工接受并同意参加培训，那么对于员工事后反悔，仲裁委或法院认定其违反服务期约定的可能性较大。

三、律师建议

在实践中，笔者接触到不少集团型（关联性）企业的培训协议中都会有类似"在服务期内，公司可要求其为集团公司下属各公司或关联公司服务，该等服务时间累积计入本协议约定的服务期"的约定。在这一约定中，服务时间累积计算并没有问题，但到下属或关联公司服务的约定太过笼统，容易引发诸如上述案例中的争议。因此，笔者建议，对于服务期内可能涉及的服务对象不一致的情况，我们应当注意以下几点：

- 明确培训的目的和计划。如果是集团公司或总公司为下属企业进行的人才培养，那么签订的培训协议中应当对此进行明确，这也是员工所服务的对象调整的起因和事实依据。
- 明确服务对象和服务时间。如果在服务期内用人单位会将员工调派到下属分公司或子公司工作，那么在可能的情况下，培训协议中应明确所服务的分公司或子公司的具体情况及服务时间。比如，上述案例中的B公司即可在培训协议中与吴某明确约定至杭州子公司服务两年，或者列明可能涉及的地域和期限。如此明确约定，一方面可以让员工对今后履行的服务期有明确的心理准备，让其清楚自己是否能接受培训服务期的要求，避免日后的争议；另一方面，如果在此情况下员工明确表示接受而出现事后反悔的情况，那么用人单位拥有明确的依据，一旦发生争议，它便能在仲裁或法院的审理中占得先机。

- 事后协商。如果培训协议或者用人单位在培训前并没有明确与员工约定或告知员工培训的目的、服务对象和时间等在服务期内可能发生调整的情况，那么用人单位应当与员工进行协商，达成一致意见，否则即使有类似上述B公司那样笼统的约定而单方面进行调整，公司仍然面临较大的法律风险。

第八章

保密及竞业限制

市场经济是竞争经济，是追求社会及个人经济效益最大化的经济形态。随着市场经济的发展，人才流动的现象日趋频繁和普遍。掌握企业商业秘密的人员，在从一个企业流向另一个企业时，有可能存在违反保密义务并实施侵害原企业商业秘密及破坏原企业竞争优势的不当行为，从而引发纠纷与诉讼。竞业限制与保密义务之间既存在紧密联系，又有很大区别。本文根据集团型企业特点，澄清企业在保密方面的误区，为相关读者提供参考。

第一节　保密与竞业限制介绍

一、有关保密与竞业限制

（一）竞业限制的概念和目的

1. 竞业限制的概念及分类

竞业限制又称竞业禁止，是对从事具有竞争关系的行业行为的限制，通常是指公司的员工（尤其是高级管理人员及技术开发型员工）在其任职期间不得兼职于竞争公司或兼营竞争性业务，在其离职后的特定时期和地区内也不得从业于竞争公司或进行竞争性营业活动。

以竞业限制法律效力的来源为划分标准，竞业限制可以分为法定竞业限制和约定竞业限制。法定竞业限制是法律直接规定特定的人不得从事竞争性业务的行为，如《中华人民共和国公司法》明确规定，董事和高级管理人员不得擅自泄露公司秘密。本文根据需要，主要探讨的是约定竞业限制。

2. 竞业限制约定的目的

竞业限制约定的目的是保护商业秘密和与知识产权相关的秘密事项，维护公平竞争，其形式上是对劳动者择业权的限制，其核心内容是防止用人单位的商业秘密被竞争公司不正当地使用。

（二）保密义务与竞业限制的关系

保密义务与竞业限制都是为了保护权利人的商业秘密，很多情况下在劳动合同中同时出现，但二者的区别也较为显著。

1. 保密义务和竞业限制的联系

第一，两者都以商业秘密的存在为前提。负有保密义务的前提要有商业秘密存在，没有商业秘密存在，也就没有保密义务可言；竞业限制是用人单位为保护其商业秘密而采取的一种措施和手段，同样也是以有商业秘密存在为前提和基础的，否则用人单位与劳动者约定的竞业限制条款无效。

第二，两者约束的对象有共同之处。无论是保密义务还是竞业限制的义务人，都包含负有保密义务的用人单位的员工。所以，用人单位中的离职员工既负有保护用人单位商业秘密的义务，还可能因与用人单位签订了竞业限制的协议而承担竞业限制的义务。

2. 保密义务和竞业限制的区别

第一，保密义务和竞业限制的性质不同。保密义务产生于法律的直接规定，不管当事人之间是否有明示约定，劳动者在职期间或离职后都负有保密义务，即保密义务是一种法定义务；竞业限制是一种约定义务，义务的产生来自双方的有效约定，无约定无义务。相应地，在违反时，保密义务承担的是侵权责任，竞业限制承担的是违约责任。

第二，限制劳动者就业机会方面不同。保密义务不限制劳动者的再就业，而竞业限制在形式上对劳动者择业权进行了限制。

第三，履行义务是否存在对价方面不同。在竞业限制中，经济补偿金是劳动者履行竞业限制义务的对价，如果原用人单位拒绝支付或延迟支付经济补偿金，那么劳动者可单方面解除竞业限制约定；而保密义务是基于法律规定的义务，劳动者要无条件保守用人单位的商业秘密。

第四，期限不同。《中华人民共和国劳动合同法》规定竞业限制的期限不得超过两年，超过的部分无效；对于保密义务，只要权利人的商业秘密存在、未公开，劳动者就有保守该秘密的义务。

二、竞业限制的法律操作

我国现行法律法规对竞业限制义务的具体性规定仅见于《中华人民共和国劳动合同法》第二十三条和二十四条中，但在实际操作中，竞业限制涉及多方面的内容，法律实务者如果在法律文书制作和诉讼证据准备上有所缺漏，那么极可能给当事人带来损失。

（一）竞业限制非诉讼法律操作

1. 竞业限制条款的起草

用人单位在起草竞业限制协议时要特别注意以下几点：

- 前提条件。竞业限制的目的是保护商业秘密和与知识产权有关的秘密事项，实行竞业限制的用人单位必须具备商业秘密或与知识产权相关的秘密事项的前提，任何与之无关的竞业限制协议均无效。

- 主体问题。竞业限制只能与负有保密义务的劳动者签订，具体包括用人单位的高级管理人员、高级技术人员和其他负有保密义务的人员。对不掌握用人单位秘密的劳动者，用人单位与之签订的竞业限制协议无效。

- 范围条件。为了保障劳动者的生存权和就业权，用人单位不能无限扩大竞业限制的范围，而应以劳动者掌握的商业秘密为限，相应地约定竞业限制的范围。

- 竞业限制的期限。《中华人民共和国劳动合同法》规定，竞业限制的期限不得超过两年，超过的部分无效。

■ 违约责任问题。在实践中，违反竞业限制义务的违约责任主要存在三个方面，即违约金、赔偿损失及继续履行竞业限制义务。这三个方面的违约责任可以互为补充。

就违约金而言，相关法律法规并无强制性规定，但鉴于《中华人民共和国劳动合同法（草案）》（征求意见稿）第十六条第三款曾规定，劳动者违反竞业限制约定的，应当向用人单位支付违约金，其数额不得超过用人单位向劳动者支付的竞业限制经济补偿的三倍。因此，笔者建议，起草违约金条款可以此为参考。

就赔偿损失而言，难点在于如何界定用人单位因劳动者违反竞业限制义务所遭受的实际损失。在违约金低于实际损失的情况下，用人单位亦可尝试另行主张损害赔偿。

就继续履行竞业限制义务而言，《最高人民法院关于审理劳动争议案件适用法律若干问题的解释（四）》第十条规定，劳动者违反竞业限制约定，向用人单位支付违约金后，用人单位要求劳动者按照约定继续履行竞业限制义务的，人民法院应予支持。

2. 竞业限制经济补偿金的支付

（1）未约定竞业限制补偿金具体数额的效力

《最高人民法院关于审理劳动争议案件适用法律若干问题的解释（四）》第七条规定，当事人在劳动合同或者保密协议中约定了竞业限制和经济补偿，当事人解除劳动合同时，除另有约定外，用人单位要求劳动者履行竞业限制义务，或者劳动者履行了竞业限制义务后要求用人单位支付经济补偿的，人民法院应予支持。

因此，若用人单位与劳动者仅约定了离职后应当履行竞业限制义务，但未约定经济补偿金具体数额的，该竞业限制义务仍然合法有效，双方均应履行各自义务。

（2）经济补偿金的数额

《中华人民共和国劳动合同法》第二十三条规定，对负有保密义务的劳动者，用人单位可以在劳动合同或保密协议中与劳动者约定竞业限制条款，并约定在解除或终止劳动合同后，在竞业期限内按月给予劳动者经济补偿。

《最高人民法院关于审理劳动争议案件适用法律若干问题的解释（四）》第六条规定，当事人在劳动合同或者保密协议中约定了竞业限制，但未约定解除或者终止劳动合同后给予劳动者经济补偿，劳动者履行了竞业限制义务，要求用人单位按照劳动者在劳动合同解除或者终止前十二个月平均工资的30%按月支付经济补偿的，人民法院应予支持。前款规定的月平均工资的30%低于劳动合同履行地最低工资标准的，按照劳动合同履行地最低工资标准支付。

在实践中，用人单位及劳动者在确定竞业限制经济补偿金时应当注意以下两点：

■ 双方可以通过协商的方式确定经济补偿金的具体数额，在不违背劳动合同履行地设置的标准的情况下，应属合法有效。例如：深圳地区要求经济补偿金不低于劳动合同解除或者终止前十二个月平均工资的50%；上海地区建议的经济补偿金标准为劳动合同解除或者终止前十二个月平均工资的20% ~ 50%；北京地区建议的经济补偿金标准为劳动合同解除或者终止前十二个月平均工资的20% ~ 60%。

■ 在双方并未明确约定经济补偿金具体数额的情况下，劳动者在履行了竞业限制义务时，可以要求用人单位按劳动合同解除或者终止前十二个月平均工资的30%支付经济补偿。

3. 竞业限制义务的解除

（1）竞业限制履行前解除

前文提到，竞业补偿金的支付是劳动者履行竞业限制义务的对价，不约定经济补偿金且事后又无法通过协商确定的竞业限制条款无效，劳动者无须履行义务。与之相关的一个问题是：是先履行义务后支付补偿金还是先支付补偿金后履行义务？对此，我国相关法律法规并无强制性规定。笔者认为，应该尊重双方当事人的约定。

（2）竞业限制期限内解除

《最高人民法院关于审理劳动争议案件适用法律若干问题的解释（四）》第九条规定："在竞业限制期限内，用人单位请求解除竞业限制协议时，人民法院应予支持。在解除竞业限制协议时，劳动者请求用人单位额外支付劳动者三个月的竞业限制经济补偿的，人民法院应予支持。"

换言之，用人单位与劳动者任意一方可以在竞业限制期限内行使任意解除权，但该解除权的行使必须送达对方，且需支付额外三个月的竞业限制经济补偿金。

（二）商业秘密保护的规章制度完善

结合大量的司法实践，笔者认为在企业内部建立商业秘密保护制度、对涉密人员进行相应绩效考核、员工离职时对商业秘密内容的再次确认等对企业的商业秘密保护至关重要。

- 采取足以防止信息泄露的保密措施。企业应限定涉密信息的知悉范围，只对必须知悉的相关人员开放，对涉密信息载体采取加锁等防范措施，在涉密信息的载体上标注保密标识，限制其他人员进入涉密场所，等等。
- 将保密事项作为涉密人员绩效考核的一部分。在遇有员工侵犯商业秘密的纠纷时，企业首先需要确定的是该员工是否有机会接触该等商业秘密，而可以采用的最直接的证据就是看劳动合同中该员工的岗位及职责。为了使权利人的主张更加充分，企业可以将保密事项作为员工绩效考核的一部分，否则不排除司法机关因此认定员工不是商业秘密接触者的可能。
- 保密协议的签订。与员工签订保密协议，圈定企业的商业秘密范围，或者在员工离职时与其再次确认商业秘密范围的书面凭据，无疑是企业加固证据的良好方法。

（三）违反竞业限制约定的法律判断

劳动生存权是公民的基本权利，而择业自由和合法竞争是市场经济条件下劳动者生存权的表现形式。在对是否构成违反竞业限制条款的认定上，司法操作的审查比较严格。是否违反竞业限制以及需要准备哪些证据，法律实务者应注意把握以下四个方面。

1. 用人单位是否有密可保

《中华人民共和国反不正当竞争法》规定，商业秘密是指不为公众所知悉、具有商业价值并经权利人采取保密措施的技术信息和经营信息。商业秘密包括两部分内容——非专利技术（如生产配方、工艺流程、技术诀窍、设计图纸等）和经营信息（如管理方法、产销策略、客户名单、货源情报等）。我们可以通过商业秘密的特点来判断信息是否构成商业秘密。

- 非公知性。商业秘密是指未被公开的信息，或者该信息虽然从其他合法渠道得知，但是与经营者直接联系并不为公众所知。如果A企业将其技术性信息合法转让给B，且双方约定了保密事项，那么在这种情况下，该信息虽被A以外的另一方知悉，但仍是A的商业秘密。
- 不易被他人获取。如果某项技术方案的发明点很低，一般技术人员一看便知，则其不能构成商业秘密。因此，该技术信息必须具备一定程度的创造性。如果某项生产工艺在行业内普遍使用，或一般技术人员通过简单研究产品即可获知，则该种信息不构成商业秘密。
- 利益相关性，即信息具有商业价值，能给权利人带来利益。以企业的客户资料为例，单纯的客户名单不能使人获利，不能被认为是商业秘密。但如果是权利人通过长期持续的投入获得的在交易价格、产品种类、交易习惯等方面形成的比较稳定的信息，则可以被认为是商业秘密。

- 必须由权利人对技术信息采取了保密措施。

2. 劳动者是否满足"负有保密义务的劳动者"这一主体条件

如果劳动者是高级管理人员、高级技术人员以外的普通员工，用人单位指责其违反竞业限制约定，则用人单位需要举证证明劳动者的工作岗位涉及商业秘密的内容，也可综合绩效考核来进一步认定。

3. 用人单位与劳动者新进的单位是否构成业务上的竞争关系

对于用人单位与劳动者新进的单位是否构成业务上的竞争关系，最直接的证据可从工商行政管理局核准登记的两家单位的经营范围中认定。在我国，根据相关司法解释，法人超越经营范围的民事行为只要不违反国家的禁止性规定、强制性规定，也被认为有效。因此，通过税务、房产等其他行政部门调取的能证明用人单位实际经营范围的证据也是认定竞争关系的有效证据。但是其中有一例外情形，即在行政许可事项方面，如用人单位未获批准即从事行政许可事项，则该行政许可事项不被认为是其实际经营范围。

4. 损害赔偿额的确定

权利人可举证证明自己遭受的损失或对方因此的获利，仍不能确定的可按照约定的违约责任数额要求承担违约责任。另外，权利人在举证时，即使不能确定损失或对方获利的具体情况，也应该就有关损失客观存在的事实进行举证，并就损失的大致范围做出合理说明。

三、案例分析

（一）案情简介

A公司上海分公司的经营范围为软件开发、咨询（涉及许可项目的凭许可证经营）。2006年，A公司与陈某签订《劳动合同》，合同期限为2006年3月1日至2008年2月29日，合同约定陈某任部门经理、软件培训讲师，月薪若干。双方同时签订《保密协议》和《不竞争协议》。《保密协议》约定：雇员对公司承担保密义务，"商业秘密"包括但不限于教学使用的课件、讲义和案例、市场渠道、市场策略、学员档案等。《不竞争协议》约定：雇员同意在其任职期间及其后两年，不得自营或为他人经营与A公司有竞争的业务；在离职员工承担不竞争的年限内且确实履行了不竞争义务的情况下，公司应当每年向离职雇员支付其离职前一年从公司获得的年报酬50%，雇员如违反不竞争义务，需支付违约金200万元。A公司上海分公司对陈某的绩效考核仅限于"保质保量完成教学任务，负责教学管理部的建设和管理，加强部门团队建设"。2006年10月，陈某提出辞职，A公司不予批准。此后，陈某未到原告处上班，并于10月下旬开始到B公司从事软件培训工作。B公司于2006年10月工商注册成立，经营范围为软件开发、咨询，2007年4月取得人才培训许可。之后，A公司向人民法院提起诉讼，提出：其通过委托培训协议的方式由具有资质的关联公司上海分公司开展培训业务，陈某作为部门经理，系原告的高级管理人员和技术人员，掌握和知悉用人单位商业秘密，其擅自离职并至B公司工作，违反了《保密协议》和《不竞争协议》；B

公司招用未解除劳动关系的劳动者违反劳动法规定，要求B公司承担70%的连带责任。

被告陈某辩称：劳动合同因原告无软件培训资质而无效；原告的软件培训课件及培训材料不属于商业秘密；原告从未支付经济补偿金，《不竞争协议》无效。

（二）案情分析

1. A公司与陈某的劳动合同是否有效

根据法律规定，劳动合同无效仅限于三种情形，即违反法律、行政法规强制性规定的劳动合同，采取欺诈、胁迫等手段订立的劳动合同，用人单位免除自己的法定责任、排除劳动者权利的劳动合同。法律对用人单位超出经营范围与劳动者签订劳动合同，并无禁止性规定。因此，用人单位是否具有相关资质，不影响其与劳动者签订的劳动合同的有效性。

2.《不竞争协议》是否有效

我们可依据上述考察竞业限制协议效力的要件，判定该案《不竞争协议》是否有效：

- 陈某是否具有商业秘密可供保护？《中华人民共和国反不正当竞争法》规定，商业秘密是不为公众所知悉、具有商业价值并经权利人采取保密措施的技术信息和经营信息。A公司作为经营软件开发、咨询的高科技企业，有可能存在技术信息等商业秘密。
- 陈某是否是负有保密义务的劳动者？首先，A公司与陈某的

《保密协议》约定：陈某应保守用人单位的技术秘密和其他
商业秘密，"商业秘密"包括但不限于教学使用的课件、讲
义和案例、市场渠道、市场策略、学员档案等。根据《中
华人民共和国反不正当竞争法》，构成商业秘密的首要条件
是"不为公众所知悉"。A公司的培训课件和资料可被每个
受训学生获得，并未添加任何保密措施，其内容也被教师公
开讲授过，故原告的培训课件和资料已进入公知领域，不具
备"不为公众所知悉"这一商业秘密的构成要件。从陈某的
岗位来看，其所掌握的培训课件和资料不是商业秘密。其
次，对于《保密协议》中约定的属于商业秘密范畴的"市场
渠道、市场策略、学员档案"，综合陈某的劳动岗位、工作
内容、岗位职责和绩效考核来考察，也不能推断陈某必然掌
握商业秘密。另外，A公司也未对以上信息采取保密措施，
且未对陈某已接触、知悉和利用了该商业秘密进行举证。因
此，陈某不属于负有保密义务的劳动者。

- 陈某是否可以A公司未支付补偿金为由拒绝履行竞业限制义
  务？《中华人民共和国劳动合同法》规定，用人单位和劳动
  者约定竞业限制的，用人单位应在解除或终止劳动合同后，
  在竞业限制期限内按月给予劳动者经济补偿。我们认为，劳
  资双方关于竞业限制的约定可以认定为一个合同约定。如果
  用人单位未按约定向劳动者支付补偿金，那么劳动者可单方
  面解除该约定，无须履行之后的竞业限制义务。具体到该案
  件，陈某无须履行竞业限制义务。

3. A公司与B公司在培训业务上是否具有竞争关系

A公司与B公司的经营范围在软件开发、咨询方面存在竞争性，但A公司至今未取得培训业务的人才许可。虽然A公司主张通过委托培训协议的方式由具有资质的关联公司上海分公司开展培训业务，但二者系两个独立的主体，而培训资质针对特定主体颁发，不可通用。因此，就软件培训业务而言，A、B公司之间不存在竞争关系。

4. A公司可否主张陈某擅自离职的责任，以及要求B公司承担连带赔偿责任

《中华人民共和国劳动合同法》规定，员工辞职应提前三十日通知用人单位，试用期内提前三天通知用人单位。但是未对员工未提前通知解除的情况规定罚则。我们认为，只要员工通知单位解除劳动合同，不论是否按法律规定的期限提前通知，都应认为双方的劳动合同解除。

在本案中，A公司并未举证证明因陈某的擅自离职给自己造成了经济损失，因而A公司不能对陈某和B公司主张损害赔偿。

（三）判决结果

人民法院对于A公司的诉讼请求均不予支持。

（四）注意事项

集团型企业要注意，其各个关联企业在法律上是独立的主体，无论业务还是财务上有多么紧密的联系，都不能在合同签订上或行政许可事项上相互代替。另外，企业在内部管理、涉密人

员的绩效考核、商业秘密保护上也应该多做工作（并非大家认为的商业秘密就能成为法律认定的"商业秘密"），否则商业秘密可能会被窃取，侵权主张也将得不到支持。

第二节　集团型企业的实务操作

考虑到集团型企业人员内部流转的问题，本节以问题的方式提请集团型企业管理人员特别注意以下事项。

1. 在以总公司名义签订劳动合同或竞业限制协议情况下，员工的保密范围如何确定

根据合同相对性原则，以总公司名义签订的劳动合同或保密协议，员工的保密义务仅限于总公司的商业秘密。但在实际情况中，集团型企业常常统一招用员工并将员工分派到集团下各子公司，因而我们还要结合员工的劳动合同履行地以及工作岗位和职责考察员工是否对特定事项负保密义务。

集团型企业还要注意，各子公司和总公司是独立的法人主体，实际用工单位发生变化，相应的协议签订主体也要随之变化。

2. 集团型企业能否与员工约定保守整个集团公司的所有商业秘密或限制其到与整个集团公司有竞争业务的企业再就业

不能。竞业限制是对劳动者择业权和就业权的限制，必须将约定的对象限于必要的人员。如果员工仅接触某一子公司的商业秘密或仅在某一子公司提供劳动，那么限制择业的范围不可任意扩大。如果员工确有接触其他子公司秘密的必要，则双方可以另

行签订协议。

3. 集团型企业内部发生合并，是否需要与员工重新签订协议

如果发生吸收合并，其中一家子公司A吸收另一家子公司B，B公司不复存在，则发生变更的A公司需要同原B公司员工重新签订保密协议和竞业限制协议，就原B公司员工所接触的秘密事项重新进行约定，即协议主体和内容将发生相应变更。

如果是新设合并，其中一家子公司A与另一家子公司B合并建立公司C，原A公司和B公司不复存在，则原A公司和B公司的员工需要与新公司C重新签订协议，竞业限制的范围也相应变更为与C公司有竞争关系的企业。

4. 集团型企业内部某公司发生分立，分立的公司是否要与员工重新签订协议

- 新设分立。新设分立是指拟改组企业将其全部资产分割为两个或两个以上的部分，另外设立两个或两个以上公司，原企业的法人地位消失。由于原有的公司主体地位消灭，因而对于新企业决定继续留用的劳动者，双方应重新签订保密协议和竞业限制协议，具体内容发生相应变更。

- 派生分立。派生分立是指拟改组企业将一部分资产或业务分离出去，并将其作为股本投入改组后的公司，其余部分资产或业务仍保留在存续的原企业内。对于剥离出的公司，其应与继续留用的员工重新签订保密协议和竞业限制协议，并根据新成立公司的业务变化或员工岗位职责的变化，相应界定保密范围。

第九章
外国人流转问题

　　随着中国经济的发展，跨国公司的不断进入，中国境内的外国人就业市场日趋升温，越来越多的相关疑义或争议亦随之呈现，其中又以发生在跨国性集团型企业的外国人就业争议居多。涉及的问题虽在理论上有一定的一致性，但在实际操作中却分歧颇多，在外国人流转问题上更是如此。其原因在于，外国人在中国劳动雇佣关系中的地位存在多重标准。当适用国民待遇之时，有关事务的处置皆比照国人，争议较小；但当适用差别待遇时，有关事务到底是优于国人还是受到限制，则存有相当酌定之空间。下面，笔者试就相关问题分门别类地进行讨论。

第一节　关于就业许可问题——未办理就业手续的外国人的解雇及补偿问题

一、案情简介

某贸易公司系知名跨国公司的中国子公司，由于战略发展需要，其通过亚太总部调动了曾在同行业另一家子公司效力的外籍员工——安德鲁先生担任总经理。但在安德鲁就职后，由于种种原因，该贸易公司一直未为其办理外国人就业手续。如果由于安德鲁的工作能力问题，亚太区管理层指示中国方面与安德鲁解除雇佣关系，那么该贸易公司应当如何操作呢？

二、案例评析

任何国家对于外国人的就业，皆存在许可制度。其目的一方面在于管理外国人之需要，另一方面也有利于保护本国公民的就业机会。中国所施行的外国人就业许可制度，虽说不能算是国民待遇（因为除特殊岗位外，一般没有中国人的就业许可规定），但在某种程度上，可谓最惠国待遇或是对等待遇了。

按照学理界的通识，获得就业许可的外国雇员，应当比照中国人受到必要的保护，几与中国雇员无异；而未获就业许可的外国人，则被视为非法就业，即所谓的"黑工"，于劳动雇佣法上不予保护，但归属于民法上的劳务关系。

然而，理论上分得清清楚楚的道理在实践中便有障碍，尤其是在所谓的"事实劳动关系"问题上。中国员工是可能形成事实劳动关系的,那外国人呢?特别是有就业许可的外国人,他们能不能跟同一集团下的另一用人主体形成事实劳动关系呢?

不同的子公司,即是不同的用人单位,应当变更而不变更雇佣关系岂不是要导致劳动者就业资格的丧失?如果劳动者丧失就业资格,则用人单位与劳动者之间便不是事实劳动关系,而是劳务关系。由此,依据劳务关系管理(剔除劳动法上的强制保护因素),公司反倒会因此受益。但从法律的角度来考量,这么做是否恰当,则有待商榷。在实践中,不排除平衡因素的出现,由此导致有些问题的处理在不同地区可能存有差异。

在本案中,如果安德鲁未办理就业手续被认定为非法就业,则将导致公司可以直接解除与安德鲁的雇佣关系而无须给予任何赔偿;但是从留有余地或更加保险的角度来考虑,假如安德鲁确实不能胜任工作,那么公司还是可以与其解除合同的。另外,考虑到安德鲁是在同一集团内部调动的,且原来是有就业许可的,但是由于公司的原因没有办理,该贸易公司应该依照《中华人民共和国劳动合同法》的规定给予安德鲁经济补偿及代通知金,并且提前一个月通知与其解除雇佣关系。

三、法规链接

(一)《外国人在中国就业管理规定(2017年修订)》

第十九条 外国人被批准延长在中国就业期限或变更就业区域、单位后,应在10日内到当地公安机关办理居留证件延期或变更手续。

第二十三条　外国人在中国就业的用人单位必须与其就业证所注明的单位相一致。

外国人在发证机关规定的区域内变更用人单位但仍从事原职业的，须经原发证机关批准，并办理就业证变更手续。

外国人离开发证机关规定的区域就业或在原规定的区域内变更用人单位且从事不同职业的，须重新办理就业许可手续。

（二）《关于加强外国人在中国就业管理工作有关问题的通知》[①]

四、已在中国某地就业的外籍人员，被派往本单位在异地的工作单位任职，其外国人就业证期限未满的，应到原发证所在地劳动保障部门办理就业证变更手续（就业证交回），然后持当地劳动保障部门出具的就业证变更证明，到新任职地重新办理就业证（不需办理许可证书）；就业证期限已满的，应到原发证地劳动保障部门办理终止就业手续，并按《规定》到新任职地重新办理就业手续。

[①] 此处引用的是该文件第四款的内容，其中的《规定》是《外国人在中国就业管理规定》（劳部发〔1996〕29号）的简称。——编者注

第二节　关于薪酬福利问题——外籍外派员工的
薪酬福利适用标准问题

一、案情简介

　　某管理有限公司系某知名跨国公司在中国境内的控股公司，高级管理人员皆由海外派遣就职。对有关人员的待遇，母公司与相关人员已经在海外商定一致，并载于就职信函中，其中包括但不限于年休假、安家费、自助保险等福利。然而，该管理有限公司内部亦有员工手册，在带薪年休假、特殊津贴等方面有不同规定。那么有关外国高管的薪酬福利是否可以自成体系不受员工手册的约束及保护呢？

二、案例评析

　　关于外国人（有就业许可）的薪酬福利制度，笔者认为，中国执行的是以国民待遇为主辅之以优惠待遇的混合政策。根据《外国人在中国就业管理规定（2017年修订）》第二十一条的规定，用人单位支付所聘用外国人的工资不得低于当地最低工资标准。须知，对于中国雇员的工资保护，也不过如此。

　　假若在薪酬福利政策上对外国人实行的是国民待遇，则管理中国员工薪酬福利的以下基本原则便有适用空间：劳动合同约定的福利待遇不能低于规章制度的规定，但如果有关约定高于规章制度的，则执行劳动合同。

在本案中，如果有关就职信函对于同一福利项目的规定优于员工手册，则原有约定理应得到继续执行；但如果员工手册中的某项福利优于就职信函，或涵盖了就职信函没有的内容，则将导致员工手册的相关规定的适用。

究其根本，员工手册乃是普适性规定，凡是公司员工（包括外国员工），皆应受其约束及保护，而劳动合同及其附件属于个性化约定，如其标准高于普适基准，当然合法。当二者发生冲突时，个性化约定不能突破普适性约定的藩篱，否则将导致歧视性待遇或非同工同酬争议的发生。

第三节　关于劳动保护问题——外籍员工的劳动保护适用标准问题

一、案情简介

某研究公司雇有外籍人士安娜女士，她已经是一个孩子的母亲。近日，安娜兴奋地告知其领导——公司总经理，她又要做妈妈了，而且待时间合适，她准备回国休产假。那么，公司是否应当对其产假要求给予批准呢？

二、案例评析

本案涉及以下两个问题。

第一，中国计划生育政策能否适用于外籍女性员工？

笔者认为，将计划生育政策适用于外籍女性员工尚无法律依据。首先，从《中华人民共和国人口与计划生育法》来看，该部法律明确规定"公民有生育的权利，也有依法实行计划生育的义务，夫妻双方在实行计划生育中负有共同的责任"，即履行计划生育义务的要求对象是"公民"。查阅其他条文内容，我们都不能得出该部法律当然适用于在华外籍人士的结论。

其次，《中华人民共和国人口与计划生育法》明确规定："我国是人口众多的国家，实行计划生育是国家的基本国策。国家采取综合措施，控制人口数量，提高人口素质。"此系我国政府基于中国国情而做出的具有中国特色的一项人口政策，有其历史性的社会环境作为背景。具体在计划生育的操作拿捏尺度上，各地方政府可根据当地人口与社会发展的不同状况而进行灵活处理。从国际范围来看，由政府大力提倡和力行计划生育的机制，尚不属于通行的国际惯例。尤其是在欧美发达国家，是否生育及如何生育等问题均被认为是私人事务，且生育权是个人的基本人权之一，政府均无权干涉，而政府的职责则是为母婴提供更好的医疗等社会条件；少数国家鉴于本国人口老龄化及人口总数负增长等问题，甚至在政策上奖励生育。

由此可见，将计划生育政策适用于外籍女性员工缺乏法律依据。

第二，中国法律规定的"三期"（怀孕期、产期、哺乳期）待遇，外籍女性员工能否享有？

该问题涉及具体劳动标准。对于劳动标准，笔者相信，中国虽然没有薪酬福利的优惠待遇，但也绝对没有限制性的差别待遇，并且严格地适用国民待遇。因为关于工作时间、休息休假及劳动保护等事项皆为劳动基准，其不仅限于雇佣自由，更涉及作为人可以享有的基本权利。根据《外国人在中国就业管理规定（2017年修订）》第二十二条规定，在中国就业的外国人的工作时间、休息休假、劳动安全卫生以及社会保险按国家有关规定执行。

此处的"按国家有关规定执行"当然是指适用中国相关的法律法规，即中国雇员如何依法享有相关权利，外国雇员亦然。

那么在本案中，安娜是否有权利要求产假呢？这恐怕要比照中国的女职工保护办法和计划生育相关规定。如果中国籍员工在同样情况下应当享有相关产假，则安娜亦应当享有；反之亦然。假如安娜坚持，又该当如何呢？同样道理，中国籍员工在此种情况下是怎样接受处置并享有相关待遇的，安娜应当受到同样的对待。例如，允许缺勤但属于无薪事假等处置方式，都是在女职工不符合相关政策情况下可以适用的解决方案。

第四节　关于劳动合同签订限制问题

一、案情简介

张先生系外籍人士，1999年2月进入上海A公司工作，担任市场部经理一职，与A公司签订了5年期的劳动合同。2003年4月，因战略发展需要，张先生被总部调往与A公司属同一集团的另一子公司B任职。在第一份劳动合同到期后，亦即2004年2

月，张先生又陆续和B公司订立了两次3年期限劳动合同，最近一份劳动合同至2010年2月终止。张先生的好友在某外资C公司任人事经理，告知他半年后C公司将有空缺职位，希望张先生届时接任此职位。2010年2月，在张先生的劳动合同到期后，A公司提出与张先生订立无固定期限劳动合同，但张先生因想跳槽至好友所在的C公司，故只答应与B公司续订了一年期限的劳动合同。

然而，事与愿违。2010年2月，张先生的劳动合同期满，但受外部环境影响，其好友所在的C公司不再招聘新员工，而张先生所在B公司也因内部战略调整决定终止与张先生的劳动合同。张先生找到B公司领导，认为自己在公司工作已超过10年，根据《中华人民共和国劳动合同法》的相关规定，B公司应当与其签订无固定期限劳动合同。但B公司认为，张先生系外籍人士，不受《中华人民共和国劳动合同法》保护。因此，在劳动合同到期的情况下，B公司终止了与张先生的劳动合同。张先生不服，诉至B公司所属劳动争议仲裁委员会，要求B公司与其订立无固定期限劳动合同。

请问：张先生的请求应该得到支持吗？

二、案例评析

本案涉及四个问题。

问题一，外国人就业是否受劳动法保护。

根据《外国人在中国就业管理规定（2017年修订）》《上海市

高级人民法院关于审理劳动争议案件若干问题的解答》等相关规定，外国人在中国就业期间，涉及最低工资、工作时间、休息休假、劳动安全卫生、社会保险等方面的劳动标准，适用中国的法律法规；当事人之间在上述规定之外约定或履行的其他劳动权利义务，可按当事人之间的书面劳动合同、单项协议或其他协议以及实际履行的内容予以确定。

换句话说，外国人在就业过程中所受的法律保护并不完全等同于中国公民，仅在法定范围内享受国民待遇。至于某些法律并无强制性规定的范畴，用人单位和劳动者拥有一定的意思自治的权利，可通过协商加以约定。

因此，从最大程度维护企业管理自主权以及提前准备预防的角度来看，上海的用人单位应该对法律法规授权公司可以与员工自行约定的内容在劳动合同中加以明确约定，如劳动合同解除及终止条件等。员工的录用条件以及绩效等工作表现亦可作为终止或解除条件在劳动合同中予以界定。为了证明员工不符合录用条件或不胜任工作，用人单位可另行制定岗位职责及相关考核方式作为劳动合同附件，并让员工一并签收。综上所述，制定并签署完备的劳动合同可用来预防风险、减少诉争。

需要说明的是，同在上海，上述问题在实践中仍存在不同的审判判例。就全国而言，各地的审判口径亦存在一定的差异，均需具体化处理。

问题二，外国人连续工作满10年是否可要求签订无固定期限劳动合同？

虽然根据《中华人民共和国劳动合同法》及《中华人民共和

国劳动合同法实施条例》相关规定，在劳动者工作连续满10年的情况下，除非劳动者与用人单位协商一致，否则劳动者提出订立无固定期限劳动合同的，用人单位应当与之订立，但外国人是否亦可在连续工作满10年的情况下要求用人单位与之签订无固定期限劳动合同却需要另做讨论。

第一，上海市劳动局印发的《关于贯彻〈外国人在中国就业管理规定〉的若干意见的通知》（以下简称《通知》）第十六条规定，用人单位与获准聘雇的外国人之间有关聘雇期限、岗位、报酬、保险、工作时间、解除聘雇关系条件、违约责任等双方的权利义务，通过劳动合同约定。而"无固定期限劳动合同"问题正属于《通知》的第十六条中所指的"期限"问题。因此，只要用人单位与劳动者在劳动合同中事先就是否签订无固定期限劳动合同问题做出具体约定，那么约定优先。

第二，《外国人在中国就业管理规定（2017年修订）》第十七条明确规定，用人单位与被聘用的外国人应依法订立劳动合同。劳动合同的期限最长不得超过五年。劳动合同期限届满即行终止，但按本规定第十九条的规定履行审批手续后可以续订。

如果说理由一使得"适格"外国人不能签订无固定期限劳动合同有了可能性，则《外国人在中国就业管理规定（2017年修订）》中的相关规定则使得这一结果成了必然。因此，根据我国目前的规定，即使外国人在某企业工作了满10年，依然须遵守"劳动合同的期限最长不得超过五年"及相关续订审批的规定及程序。在认定工龄问题上，我们还需注意，根据《中华人民共和国劳动合同法实施条例》第十条规定，劳动者非因本人原因从原用人单位被安排到新用人单位工作的，其在原用人单位的工作年限合并计算为新用人单位的工作年限。因此，集团内部由于用人单位原因引发的员工调动情形，在工龄计算问题上均需做"连续计算"考虑。

问题三，外国人在集团内部调动，是否需要重新办理就业证？

《外国人在中国就业管理规定（2017年修订）》第二十三条明确规定，外国人在中国就业的用人单位必须与其就业证所注明的单位相一致。外国人在发证机关规定的区域内变更用人单位但仍从事原职业的，须经原发证机关批准，并办理就业证变更手续。外国人离开发证机关规定的区域就业或在原规定的区域内变更用人单位且从事不同职业的，须重新办理就业许可手续。

据此规定可知，国家在对外国人就业证的管理方面采取的是相对严格的"一致原则"，即外国人在中国就业的用人单位与其就业证所注明的单位必须一致。一旦实际用人单位发生变化，外国人必须依照规定重新办理相关的变更及许可手续。

在此法律背景之下，外国人在集团内部调动亦将遵从同样的标准。虽然员工调往及调出的对象之间存在特殊的关联（一般称为关联企业），但各自公司（子公司或分公司）均是独立的用工主体，在劳动法上拥有用人单位的法律地位。因此，所涉之外国员工仍需要依法办理就业证的相关手续。

问题四，中国劳动者连续工作满10年，在签订固定期限劳动合同后是否有权再要求签订无固定期限劳动合同？

如果员工符合提出订立无固定期限劳动合同的条件，用人单位和劳动者均选择签订固定期限劳动合同，那么该份固定期限劳动合同合法有效，但这不意味着用人单位日后不再面临"无固定期限劳动合同"的问题，也不意味着劳动者自此丧失了订立无固定期限劳动合同的权利。从法律本身来分析，在新签的固定期限劳动合同到期后，用人单位和劳动者将重新取得上份合同到期之时的立场，即劳动者再次拥有了提出订立无固定期限劳动合同的资格。但是，具体操作在各地仍未尽统一。例如，上海目前的裁审口径是，此份固定期限劳动合同终止，双方劳动关系自行结束。若日后国家或地方出台新的规定或解释，而上海对此问题的解释又与之相冲突，那么我们应当以更高层级的法律、法规或解释为准。

就本案而言，虽然张先生在A、B公司的工龄可以连续计算，业已满足10年期限，但由于其外籍身份的特殊性，他在签订无固定期限劳动合同方面并不享受与中国劳动者完全等同的待遇，因此张先生要求B公司与其订立无固定期限劳动合同的请求无法获得仲裁支持。

三、法规链接

（一）《外国人在中国就业管理规定（2017年修订）》

第十七条　用人单位与被聘用的外国人应依法订立劳动合同。劳动合同的期限最长不得超过五年。劳动合同期限届满即行终止，但按本规定第十九条的规定履行审批手续后可以续订。

第十八条　被聘用的外国人与用人单位签订的劳动合同期满时，其就业证即行失效。如需续订，该用人单位应在原合同期满前三十日内，向劳动行政部门提出延长聘用时间的申请，经批准并办理就业证延期手续。

第二十二条　在中国就业的外国人的工作时间、休息休假、劳动安全卫生以及社会保险按国家有关规定执行。

（二）上海市劳动局印发的《关于贯彻〈外国人在中国就业管理规定〉的若干意见的通知》

十六、用人单位与获准聘雇的外国人之间有关聘雇期限、岗位、报酬、保险、工作时间、解除聘雇关系条件、违约责任等双方的权利义务，通过劳动合同约定。

（三）《中华人民共和国劳动合同法实施条例》

第十条　劳动者非因本人原因从原用人单位被安排到新用人单位工作的，劳动者在原用人单位的工作年限合并计算为新用人单位的工作年限。原用人单位已经向劳动者支付经济补偿的，新用人单位在依法解除、终止劳动合同计算支付经济补偿的工作年限时，不再计算劳动者在原用人单位的工作年限。

第十章

企业关、停、并、转

关、停、并、转在集团型企业内部时有发生。集团型企业的子公司、分公司因发生关闭、停产、合并、转产和搬迁等事项而引发的人员安置问题，是集团型企业不得不关注的问题，也是较为复杂和敏感的问题。

我们对近百家集团型企业进行了调研，发现在集团型企业关、停、并、转过程中，企业关闭和合并的比率较高。在企业关闭时，企业一般以与员工协商解除劳动合同为主、终止劳动合同为辅的人员安置方式；在企业合并时，接近三分之一的企业选择由合并后的企业继续履行原劳动合同，与员工协商解除劳动合同也是部分企业选择的安置方式。

接下来，笔者将通过介绍我们办理过的一个集团型企业子公司关闭和转产的案例，来和大家一起探讨集团型企业在关停并转过程中人员安置方面的相关法律与实践问题。

第一节　案例背景介绍

W集团公司系一家以研发、生产和销售电子产品为主的美国上市公司，其在中国的上海、天津、广东等地有多家全资子公司。这些子公司主要以生产为主，产品基本外销。2009年上半年，因受国际金融危机的影响，以及在中国上海用工成本的日益增长，W集团亚洲总部决定调整在中国的经营战略，决定将成本较高的上海某工厂VW电子公司的大部分生产线转移至成本较低的东南亚国家，VW电子公司提前解散关闭。

W集团在决定关闭VW电子公司时，涉及400名员工的安置问题。其中，150名员工与公司签订的是无固定期限劳动合同，100名员工系劳务派遣员工，另外150名员工与公司签订的是固定期限劳动合同。在所涉及的400名员工中，生产一线的操作工约占一半比例，而操作工中4050员工①占比约为25%。

W集团希望在2009年年底前，平稳解决400名员工的安置问题，于是决定从2009年6月开始陆续关闭部分生产线，至2009年10月生产线全部停工停产。考虑到VW电子公司在停产后解散前的时间段内，还需要少部分员工协助处理外贸、财务、法律等方面的善后工作，故VW电子公司留用了约20名员工处理后续工作。

另外，VW电子公司成立了工会，有工会主席、副主席各1名，工会委员5名，工会委员会尚结余少部分资金；VW电子公

---

① 4050员工指的是处于劳动年龄段中女40岁以上、男50岁以上的企业员工。——编者注

司未建立职工代表大会制度。

第二节　具体安置过程

对于此次 VW 电子公司关闭所涉及的员工安置问题，W 集团委托我们全程代理。我们的律师在接受委托后，全程介入 VW 电子公司的员工安置工作。笔者在此将该人员安置的代理工作主要分成四个阶段。

一、信息调研阶段

在信息调研阶段，我们主要对人员安置过程中可能涉及的材料、信息进行调研与梳理，为安置方案的拟订提供充分必要的基础支持。调研内容包括以下方面：

- 对 VW 电子公司的人员结构、组织架构、劳动合同及规章制度等人事管理情况进行全面调研与梳理，利用调研到的信息对人员的基本结构、公司的福利待遇等进行归纳。
- 员工具体信息的调研与梳理，包括员工的年龄、工龄、身体状况以及家庭成员的基本情况等。
- 与工会和个别员工座谈，了解员工的想法、所关注的焦点问题，对了解的问题进行归纳总结。

在该阶段，我们以员工信息调研及分析为重点，尽可能详细地对员工个人情况进行摸底调查，与工会及个别员工的沟通也是非常重要的。这些信息均是安置方案制订的重要依据。我们的律师根据调研的情况进行法律分析，形成了书面法律意见，供W集团管理层决策。

二、方案制订阶段

高效可行的安置方案是人员安置顺利进行的最大保障之一。我们的律师通过与W集团、VW电子公司管理层的充分沟通，充分结合信息调研阶段归纳总结出的有效信息，依托VW电子公司客观面临的经济情况以及W集团可能给予的最大支持，拟订初步的安置方案。经过我们与公司管理层多次反复讨论、修订，安置方案初稿终于确定。

管理层确定的安置方案并不是最终的方案，这仅是资方制订的方案。因人员安置问题涉及全体员工，所涉人数较多，安置方案有必要进行一定的民主程序，即征求工会和员工代表的意见。给员工话语权，可以减少员工认为公司的操作缺乏人性化、缺乏沟通的道德风险。与员工进行协商，符合我国政府集体协商的政策思想，可以争取政府相关部门的支持。

在一般情况下，工会或职工代表对管理层制订的方案或多或少地会提出意见或补充，完全赞成的寥寥无几。对于工会或职工代表提出的若干意见或建议，管理层完全采纳工会或职工代表的意见也不现实，而通常会部分采纳工会或职工代表的意见，形成最终的安置方案。VW电子公司最终形成的安置方案也经历了前述的过程——资方代表与工会、员工代表多次磋商，几易其稿。虽然最终的安置方案不能使工会和员工代表完全满意，但经过双方的多次沟通、协商，工会和员工代表已经从感情上认同了管理层的做法。实践证明，工会和员工代表在后续的人员安置过程中起到了较为积极的作用。

（一）关于安置方案

在信息调研阶段，我们了解到部分青年员工希望在W集团内部其他子公司谋求合适的职位。鉴于此，W集团对内部子公司、分公司近半年的招聘计划进行了汇总，筛选出部分合适职位提供给VW电子公司的员工，让他们竞聘上岗。在该阶段，我们还了解到大部分4050员工都希望在离开VW电子公司后能够继续就业，但由于他们在就业年龄上处于劣势，这部分员工非常希望W集团公司提供一些技能培训，并把他们推荐给职介所。基于上述调研到的信息，我们在制订安置方案时，会考虑协商变更劳动合同主体。

在充分分析了几种安置方案的利弊并经反复论证后，我们选择了最适合VW电子公司的安置方案：对于合同用工，以协商解除劳动合同方式为主，以协商变更劳动合同主体与劳动合同终止方式为辅；对于劳务派遣人员，另行制订方案，分期分批安置。

（二）关于协商解除劳动合同

协商解除劳动合同方案是此次人员安置方案的核心，该方案的优劣直接关系着VW电子公司人员安置的成功与否。

在拟订方案时，我们确立了几个原则：方案不应与VW电子公司和W集团以往的补偿标准相冲突，方案应鼓励先与公司协商解除的员工，对于4050人员可以给予一定的再就业补助，对于是家庭唯一劳动力的员工给予一定的倾斜，对于患有重大疾病的员工给予一定的补助，对于无固定期限劳动合同的员工给予一定的倾斜，等等。

鼓励先与公司协商解除的员工，这条原则非常重要。如果方案中该原则没有被有效地体现出来，那么这将导致员工迟迟不愿意与公司协商解除劳动合同的被动局面。

在VW电子公司与工会沟通及协商安置方案过程中，工会委员会决定将其部分工会经费用作员工安置，主要用作对无固定期限员工的补助。VW电子公司工会的该举措赢得了员工和公司管理层双方的好评与信任。

（三）关于协商变更劳动合同主体

协商变更劳动合同主体方式主要针对的是部分在集团内有求职意愿的青年员工。该部分员工经过集团内部招聘、应聘，已拿到集团其他子公司的入职通知。经VW电子公司、其他子公司以及员工三方协商一致，员工与VW电子公司解除劳动合同关系，同时与其他子公司建立劳动关系；员工在VW电子公司的工龄于其他子公司累计计算，VW电子公司不再支付经济补偿金；关于员工在其他子公司的岗位、福利待遇等以双方签订的劳动合同为准。

（四）关于劳动合同终止

　　劳动合同终止方式针对的是最终无法与VW电子公司协商解除劳动合同或协商变更劳动合同主体的个别员工。对于此类员工，VW电子公司选择依法与其终止劳动合同。这里涉及的关键点是：VW电子公司何时可以与员工终止劳动合同？是VW电子公司股东会或董事会做出提前解散关闭的决定之时，还是相关政府部门做出批准同意VW电子公司解散关闭之时，抑或是VW电子公司在工商行政部门登记注销之时？根据《中华人民共和国劳动合同法》第四十四条的规定，用人单位决定提前解散的，劳动合同可以终止。根据2009年当时的政策法规，外商投资企业的终止须经外经贸部门的批准，存在用人单位决定提前解散但未得到相关部门批准的情况。仅以用人单位决定提前解散为劳动合同终止的时间点存在不确定性；由于工商注销是一个企业解散的最后程序，以工商注销登记为劳动合同终止的时间点存在操作上的障碍。因此在本案中，我们建议的以外经贸部门批准用人单位提前解散为劳动合同终止的时间点，既符合法律规定，又具有可操作性。

　　目前，相关法律规定已进行调整。2016年10月实施的《外商投资企业设立及变更备案管理暂行办法》，将不涉及国家规定实施准入特别管理措施的外商投资企业设立及变更事项由审批改为备案管理。换言之，多数外商投资企业的终止不再需要政府部门的审批。按照新的规定，如果公司决定提前解散并与员工终止劳动合同，那么劳动合同在企业的权力机构（股东会）做出提前解散的决议后即可进行终止。

（五）关于劳务派遣员工的安置

在背景介绍中，我们提到VW电子公司的人员构成中有100名劳务派遣员工。由于劳务派遣员工的特殊性，我们针对该部分人员另行制订了安置方案。考虑到集中安置存在较大的风险，我们制订了分步安置的方案，即先安置劳务派遣员工，再安置劳动合同关系员工。对于劳务派遣员工的安置方案，我们采用了以协商解除聘用关系为主、将劳务派遣员工退回劳务公司为辅的方案。

协商解除用工关系是指VW电子公司、劳务派遣公司与劳务派遣员工三方协商一致，解除相应的用工关系、劳动关系等，同时由VW电子公司向员工支付经济补偿金等款项。

将劳务派遣员工退回劳务公司指的是在与劳务派遣员工协商未成的情况下，VW电子公司将员工退回劳务公司。因为VW电子公司决定解散关闭，故在与劳务派遣公司谈判时，我们采取的退回方式是，VW电子公司与劳务派遣公司解除劳务派遣协议。根据协议的规定，将未能协商解除的劳务派遣人员退回劳务公司，支付劳务派遣人员无工作期间的最低工资以及社会保险等，直至劳务派遣人员重新上岗或劳动合同到期。

（六）关于停工停产

在安置方案中，我们对生产线停产所涉及的员工采取了停工放假的管理方式。在停工放假期间，VW电子公司向停工放假员工发放最低工资。在员工所在的生产线停产关闭后，员工将一直处于停工放假状态，公司发放最低工资，直至员工与VW电子公司协商解除劳动合同或终止劳动合同。

由于在员工停工放假期间，公司发放的是最低工资，所以停工放假时间越长，最终在企业计算员工经济补偿金时，其平均工资将越低，对于工龄较长的员工，其经济补偿金将减少。因此，对于生产线停工停产所涉及的停产放假员工，发放最低工资的方式对于实行分期分批安置非常有效。

（七）关于分期分批

VW电子公司拟从2009年6月开始陆续关闭部分生产线，到2009年10月底停工停产全部生产线。这其中涉及三个时间段，第一时间段为2009年6月到2009年10月生产线部分停产，第二时间段为2009年10月到2009年年底生产线全部停产，第三时间段为2009年年底至VW电子公司解散关闭。

在安置方案中，我们采取了分期分批安置的方式，即每关闭一条生产线，VW电子公司对所涉及的员工进行安置，直至2009年年底人员安置基本结束；第三时间段所涉及的员工，即到2009年年底协商解除劳动合同未果的员工，将不再适用协商解除劳动合同的安置方案，而将直接适用劳动合同终止的方式。

（八）关于留用人员

在停产后解散前的时间段内，即2009年年底至解散关闭时间段，VW电子公司还需要少部分员工协助处理外贸、财务、法律等方面的善后工作，于是留用约20名员工处理后续工作。

对于该部分留用人员，我们另行制订了安置方案。该方案在适用整体协商解除劳动合同方案的同时，对于留用期间的权利义务进行了约定，目的是既要激励该部分留用人员积极完成留用期间的工作任务，又不能影响整体的员工安置工作。

留用人员的选择也是个技巧问题——留用人员选择得好，既可以有效完成善后工作，又有利于整体安置工作的进行。

（九）关于应急预案

规模性员工安置涉及员工人数较多，对于可能发生的群体性事件或极端事件，公司需要事先做好应急预案。根据公司的实际情况，应急预案一般结合集团公司的现状进行制订，包括安保工作与媒体支持等。对于集团型企业，某个子公司的群体性事件或极端事件往往会影响到集团在中国甚至全球的声誉，故媒体的跟踪与支持也较为重要。

三、政府沟通阶段

我们与政府部门的沟通，主要包括与当地劳动行政部门和公安部门的沟通。

沟通目的：与政府沟通企业目前的状况以及拟采取的措施、方式，听取劳动行政部门和公安部门的意见和建议，获得支持与帮助。

沟通时间：在企业拟订安置方案后，我们可以拜访当地劳动行政部门，征求意见并获得支持；我们也可以在方案制订之前先征求劳动行政部门意见，在方案拟订后再次拜访劳动行政部门并获得支持。与当地公安部门的沟通时间可以在方案制订后、实施前。

沟通内容：在一般情况下，我们可以就企业目前的经营和发展状况、员工的情况、补偿方案、安置的整体计划等与劳动行政部门沟通，听取其意见和建议，了解周边企业类似情况的补偿标准等；与公安部门的沟通，除了介绍项目的基本情况外，我们需要重点沟通可能发生的群体事件或极端案例，以获得公安部门的指导与帮助。

在本案中，我们的律师与当地劳动行政部门进行了三次沟通。在信息调研阶段，我们进行了首次拜访，主要介绍企业情况，让政府了解企业的处境，并向政府寻求补偿方案的建议；当地劳动行政部门介绍了周边企业的补偿标准等，并对企业后续整体方案制订提出了建议。在安置方案初步拟订后，我们再次进行了拜访，主要就方案征求意见。在方案实施前，我们进行了第三次拜访，主要就实施方案进行交底，以争取最大力度的政府支持。

四、方案实施阶段

在安置方案定稿后，VW电子公司组成了人员安置工作小组，并安排该工作小组具体实施安置方案。该工作小组成员包括人事部门相关人员、工会委员等。工作小组的成员各司其职，进行有效的分工与合作。谁负责开场白，谁负责主要谈判，谁负责办理相关手续，均分工明确。方案实施阶段中的几项重点工作如下：

第一，对工作小组成员进行操作辅导。该项工作主要由我们律师团队承担，辅导的侧重点是执行方案过程中需注意的问题及操作技巧，包括开场白怎么说、常见问题怎么回答等。

第二，安置方案的公示。VW电子公司分期分批召开员工大会，张贴停工停产公告及安置方案等，向相关员工公布安置方案，并对方案进行解读；律师全程陪同，如遇法律问题，提供现场咨询。

第三，签署协议，办理手续。办理相关手续需要选择合适的场地。因生产线是陆续关闭的，为了不影响生产，工作小组可以考虑选择离公司较近的安静的地方进行安置工作；安置现场可以有多个办事窗口，如补偿金查询、签署协议、办理退工手续、法律咨询等窗口。

第四，与个别员工协商谈判。在安置方案实施过程中，不可避免地会出现部分员工单独或成群地找公司谈判，要求解决某个历史遗留问题或向公司发难。此时，工作小组成员应冷静对待，不疾不缓，对于员工提出的问题，应尽可能做出回复。当然，该回复是经过工作小组与律师团队协商一致的结果，需要慎重、正式，而不合适的回复会给安置工作造成困扰，甚至会影响整体安置工作，引发群体性劳动争议案件。在此阶段，律师发挥着非常重要的工作。可以说，此时的每个回复、每句话都要字斟句酌，既要符合法律规定，又要适合VW电子公司的实情，既要解答员工的困惑，又要促使员工尽快签署协商解除协议。

第三节　律师建议

在 W 集团公司、VW 电子公司、律师团队的全面努力及当地政府的支持下，VW 电子公司的 400 名员工安置工作在历经半年左右时间后，分期分批顺利完成。

在整个案件的办理过程中，我们的律师感受颇深。在办理人员安置案件时，特别是人数较多、批次较多的大规模人员安置时，在面对若干员工的质问时，在面对随时可能发生的群体性事件时，律师除了必备的扎实的劳动法律知识外，沉着冷静、随机应变的能力更是不可或缺。每个企业均有其特殊性，所涉员工的背景更是情况各异，这些都对办理人员安置案件的律师提出了很大的挑战。在处理各类人员安置案件中，我们不断总结经验与不足，希望提供给我们的客户更好的法律服务与支持。

在办理集团型企业人员安置案件时，我们既要考虑集团的整体情况和集团其他公司以往人员安置的案例，也要考虑以后可能会出现的大量人员安置的情况；既要尽量避免安置方案前后差别过大，更要避免前后安置方案的冲突。也就是说，在安置过程中，我们要尽可能地保持集团的整体性。

第十一章
劳务派遣与业务外包

随着人口红利的逐年消退，我国用工成本逐年上升。无论是为了追求经济效益，还是为了力争"活下去"，企业都纷纷从用工模式着手，探索降低用工成本的种种路径。在这一大背景下，集团型企业更是走在了前列——采用多模式、多层次的用工组合方式，优化人力资源结构，降低人力资源成本。其中，劳务派遣、业务外包是被使用得最为广泛的两类模式。

本世纪以来，劳务派遣在我国经历了过山车式的发展历程，即从前十多年的膨胀性、爆炸式发展，到近些年来的人人喊打、风光不再。这一特殊用工方式有效地使企业能够在"用人"的同时，不需承担作为用人单位的大量人力资源成本，如招聘成本、劳动保障成本等。同时，劳务派遣增强了企业用工的灵活性，因此深受企业的青睐。正因如此，有说法认为劳务派遣方式更多的是资本的选择而不是劳动者的选择，这不无道理。增利润降成本是每个企业所追求的，而以劳务派遣降低用工成本就成了帮助达到目的的方式之一。在这种情况下，被派遣劳动者的权益极易受到侵犯，而这也造就了"劳务派遣"这一用工模式尴尬的地位，可谓"成也萧何，败也萧何"。基于此，自2012年开始，国家通过对劳动合同法进行修订，开启了对劳务派遣的规制之路，并进而通过一系列的立法规范来全力保护被派遣劳动者的权益，同时也在很大程度上限制了劳务派遣用工模式的生存空间。

与劳务派遣的高开低走相对应的是，业务外包在近年来大有蓬勃发展之势，犹如雨后春笋般在大江南北遍地开花。其实，严格来说，业务外包并不能算是一种用工模式，而应是一种商业（业务）模式。不过，从广义上讲，企业基于成本、利润的考虑，以将部分业务外包的方式来降低直接用工的人数及成本，从而增加人力资源管理方面的灵活性，一定程度上也可以被视为一种用工模式的转换或者替代方案。当然，业务外包本身的特性决定了其并不能完全替代劳务派遣，其江湖地位的提升尚需时日。相比于劳务派遣，业务外包在降低用工成本、提升用工灵活性的同时，会使得用工单位对于从事具体工作的人员丧失管控权，即所谓只能管控生产结果（服务、产品等各类业务成果），而不能管控生产过程。这又催生了一个乱象——冠以外包之名的用工可谓铺天盖地，充以外包之实的合作却只占少数，因此"假外包、真派遣"也随之被纳入了监管和规制的重点。

第一节 劳务派遣之兴——三方博弈的过程

一、制度缘起

我国的劳务派遣用工始于20世纪80年代，发展于20世纪90年代并持续活跃发展着，是社会主义市场经济条件下一种重要的就业形式和用工制度，在优化配置人力资源方面发挥着有效作用。在一定程度上有利于解决就业问题的同时，劳务派遣用工也存在着劳动者权益屡遭侵害、用人单位和用工单位相互推诿责任的尴尬局面。

公正地说，劳务派遣制度在相当一段时期内还是起到了其本应具有的增加社会就业、促进人才流动、提升企业效率、方便个人求职等各项正向作用的，也为社会的发展和经济的增长提供了原动力，发挥了相当的作用。

随着我国市场经济的不断推进，劳务派遣制度的不断演进，尤其是进入21世纪，劳务派遣各项法律法规政策规制的滞后性越发凸显：劳务派遣公司过多过滥、参差不齐；劳务派遣员工合法权益屡受侵犯，投诉无门；劳务派遣员工作为"二等公民"，相比于用工单位的员工同工不同酬；等等。

二、以案看法

（一）案例一：劳务派遣的期限及退回条件

某科技公司欲招聘一名技术人员。经与其常年合作的某劳务派遣公司推荐，科技公司面试了三名应聘者。最终，小王脱颖而出。于是，劳务派遣公司与小王签订了劳动合同，并将其派遣至科技公司担任技术人员。劳动合同中约定：双方劳动合同期限与乙方（小王）为某科技公司实际提供劳务时间相一致，如科技公司终止或将乙方（小王）退回，则视为双方劳动合同期限届满，甲方（劳务派遣公司）有权依此终止双方劳动合同。在试用期通过后，小王在科技公司正式上岗。在工作一段时间后，小王发现科技公司的非劳务派遣人员李某与自己在公司任同样职位，工作内容也基本相同，但除了基本工资高于自己10%以外，李某还享有岗位工资。小王认为自己受到了不公平对待，即向劳务派遣公司以及科技公司提出应依法享有同工同酬的公平待遇。两公司均置之不理，科技公司更是以小王打听属于保密信息的他人薪资信息的行为构成严重违反规章制度为由，将小王退回劳务派遣公司。劳务派遣公司随即依据双方劳动合同中的前述约定，终止了与小王的劳动合同。

争议焦点1：双方劳动合同中关于劳动合同期限的约定是否合法有效

《中华人民共和国劳动合同法》第五十八条对劳务派遣单位、用工单位及劳动者的权利义务做了原则性的规定，其中第二款明确规定：劳务派遣单位应当与被派遣劳动者订立二年以上的固定期限劳动合同，按月支付劳动报酬；被派遣劳动者在无工作期间，劳务派遣单位应当按照所在地人民政府规定的最低工资标准，向其按月支付报酬。

由此，本案中的劳务派遣公司作为劳务派遣单位与作为被派遣劳动者的小王双方签订的劳动合同的期限依法应符合两个条件：第一，二年以上；第二，固定期限。而按照双方劳动合同中的约定，劳动合同期限并不固定，也无法判断是否在二年以上，显然是不符合法律规定的。

小王可以依法要求劳务派遣公司与其订立二年以上固定期限的劳动合同。这样一来，即使小王在劳动合同期限内因出现法定过错被科技公司退回，抑或与科技公司的劳务关系先于劳动合同到期终止，也不影响其与劳务派遣公司劳动关系的继续存续。劳务派遣公司应当继续为小王寻求合适的派遣机会，并在其无工作期间，按照不低于当地最低工资的标准按月向其支付报酬，以保障小王的基本生活；或是在小王存在法定过错的情况下，依照《中华人民共和国劳动合同法》的规定与其解除劳动合同。

争议焦点2：科技公司是否有权将小王退回劳务派遣公司

《中华人民共和国劳动合同法》第六十五条是关于劳务派遣中劳动合同解除事项的规定。

其中，第一款规定了被派遣劳动者有权与劳务派遣单位解除劳动合同的情形，具体内容为：被派遣劳动者可以依照本法第三十六条、第三十八条的规定与劳务派遣单位解除劳动合同。

第二款规定了用工单位的退回权以及劳务派遣单位的解除劳动合同权，具体内容为：被派遣劳动者有本法第三十九条和第四十条第一项、第二项规定情形的，用工单位可以将劳动者退回劳务派遣单位，劳务派遣单位依照本法有关规定，可以与劳动者解除劳动合同。

这样一来，判断作为用工单位的科技公司是否有权依法退回被派遣劳动者小王，则要看小王是否存在《中华人民共和国劳动合同法》第三十九条或第四十条第一项、第二项规定的情形。在本案中，科技公司是以小王打听属于保密信息的他人薪资信息的行为构成严重违反规章制度为由将小王退回。根据《中华人民共和国劳动合同法》第三十九条，劳动者严重违反用人单位的规章制度的，用人单位可以解除劳动合同。如果科技公司的规章制度中明确了他人薪资属于保密信息，打听他人薪资行为属于严重违纪行为，并且该规章制度已履行了法定民主程序并向小王公示，小王也确实存在打听他人薪资的事实，则尽管作为被派遣员工，小王仍有遵守用工单位规章制度的义务，其一旦构成严重违纪行为，科技公司有权依法将其退回。

另外，科技公司的规章制度即使确有此规定，也未必能够顺理成章地适用《中华人民共和国劳动合同法》第三十九条。因为单位虽有权通过规章制度对员工进行管理，但何为严重违纪行为毕竟属于可以依法解除劳动合同的规定，对员工切身利益会产生很大影响，所以该规定必须合法且合理。笔者认为，虽然密薪制是合理的制度，但将打听他人薪资这一行为规定为严重违纪，稍显过度，其合理性存在问题，如果出现争议，那么它不一定会得到法律的支持。如果能将打听他人薪资与因此行为造成的较大影响相结合，规定其为严重违纪行为，那么该规定的合理性就会增强不少。

小贴士

相对其他企业来说，集团型企业由于各项制度较为健全，更加重视合规操作，愿意听取专业意见，对于法律明确的规定一般都能较好遵守。而在没有明确规定的内容上，集团型企业如果能够多考虑合理性，同时把握劳动法规政策维护和谐劳动关系、保护劳动者权益的原则，那么定能使企业的内部管理更加完善。

（二）案例二：被派遣劳动者的加班工资由谁支付

2009年8月，张某作为劳务派遣员工，被派到北京市一家从事手机经销的公司任促销员。因工作需要，张某经常在节假日加班，但从未收到劳务派遣公司或手机经销公司支付的加班费。半年后，张某要求手机经销公司支付自己节假日期间的加班费，但被拒绝，理由是按照法律规定，加班工资属于劳动报酬，应当由与之建立劳动关系的用人单位支付。手机经销公司与劳务派遣公司签订的劳务派遣协议以及手机经销公司与张某签订的劳务合同均没有约定手机经销公司有支付劳务派遣人员加班工资的义务。于是，张某便向劳务派遣公司提出支付其加班费的要求，劳务派遣公司以其从未安排张某在节假日加班为由予以拒绝。无奈中，张某只好将劳务派遣公司和手机经销公司一起诉至劳动争议仲裁委员会，要求两被告共同支付加班工资。

后来，劳动争议仲裁委员会查明张某确有在节假日加班而未获加班工资的事实存在。最终，仲裁委员会判定张某的加班费由手机经销公司（用工单位）支付，劳务派遣公司承担连带责任。

争议焦点：被派遣劳动者的加班工资由谁支付

劳动者付出劳动并取得相应报酬，是毋庸置疑的。在劳务派遣关系中，劳动关系与用工关系相分离，以致出现本案中用人单位与用工单位相互推诿的状况。在常规劳动关系中，劳动者向用人单位提供劳动，用人单位是支付各项劳动报酬的责任主体；而在劳务派遣中，支付劳动报酬的责任主体按理说应为用人单位，然而劳动者向用工单位提供劳动，用工单位因此获益，由用工单位支付获益的对价似乎更为合理。

《中华人民共和国劳动合同法》第六十二条对用工单位的义务进行了规定，其中第一款明确用工单位应当履行下列义务：

（一）执行国家劳动标准，提供相应的劳动条件和劳动保护；

（二）告知被派遣劳动者的工作要求和劳动报酬；

（三）支付加班费、绩效奖金，提供与工作岗位相关的福利待遇；

（四）对在岗被派遣劳动者进行工作岗位所必需的培训；

（五）连续用工的，实行正常的工资调整机制。

据此，加班费、绩效奖金、与工作岗位相关的福利待遇，均与实际用工关系紧密，并且这些报酬的金额无法像基本工资一样事先确定。因此，由用工单位据实核算并承担支付义务更合情理。但劳动派遣单位并不因此而免除一切责任，《中华人民共和国劳动合同法》第五十八条规定，劳务派遣单位是本法所称用人单位，应当履行用人单位对劳动者的义务。加班费属于劳动报酬，支付劳动报酬是用人单位的义务。更何况，作为用人单位，劳务派遣单位有责任保障其派遣劳动者的合法权益，有义务监督用工单位依法向被派遣劳动者支付劳动报酬。

相应地，《中华人民共和国劳动合同法》第九十二条规定：劳务派遣单位违反本法规定，给被派遣劳动者造成损害的，劳务派遣单位与用工单位承担连带赔偿责任。同时,《中华人民共和国劳动争议调解仲裁法》第二十二条第二款规定:劳务派遣单位或者用工单位与劳动者发生劳动争议的,劳务派遣单位和用工单位为共同当事人。

法律不仅明确了劳务派遣单位与用工单位对于被派遣劳动者遭受的损害承担连带责任,同时规定被派遣劳动者寻求法律途径时可向二者共同主张权利,有效解决了由于劳务派遣单位与用工单位相互推卸责任导致的被派遣劳动者求助无门的问题。

小贴士

在劳务派遣关系中,被派遣劳动者直接接受用工单位的指示和管理,劳动所产生的成果归属用工单位。相应地,如果在完成工作任务期间,劳务派遣员工侵犯了第三人的权益,那么按照侵权责任的承担原则,由劳动成果归属人即用工单位承担侵权责任。尽管劳务派遣单位在此情况中也可能承担部分责任,但受到一定限制。第一,劳务派遣单位有过错。例如,在选派被派遣劳动者时,该岗位需要一定的资质认证,而劳务派遣单位并未对劳动者的资质进行验证确认,导致侵权行为的发生。第二,劳务派遣单位承担的责任与其过错相对应,劳务派遣单位仅在其过错范围内承担责任。不过,这个范围并没有可以量化的标准,需要凭借主观判断自由裁量。第三,劳务派遣单位承担的是补充责任。

集团型企业多为劳务派遣关系中的用工单位,在使用劳务派遣员工降低用工成本、优化人力资源配置的同时,也不能忽略肩负的责任。只有在用工管理中规范流程、严守纪律、加强监管,集团型企业才能最大限度地降低用工风险。

第二节　劳务派遣之衰——法律规制的必然后果

一、政策收紧

劳务派遣法律法规方面的发展滞后，一方面造成实践中劳务派遣用工体量的不断上升，有些单位的劳务派遣用工人数甚至超过了用工总人数的80%；另一方面，用人单位（劳务派遣公司）和用工单位利用其优势地位，采用两套制度，实际损害了大量劳务派遣员工的权益，使得劳务派遣不仅仅是一个用工模式的问题，而且成了一个社会问题。

随着2012年劳动合同法的修改，一大拨规制劳务派遣的法律法规陆续出台——从2013年《劳务派遣行政许可实施办法》到2014年《劳务派遣暂行规定》和《人力资源社会保障部办公厅关于做好劳务派遣暂行规定贯彻实施工作的通知》，再到各地密集出台的规制劳务派遣的地方规定，霎时间使得劳务派遣业务降到了冰点。

劳务派遣用工比例、"三性"（临时性、辅助性、替代性）岗位刚性限制、派遣机构行政许可准入制度、同工同酬的严格要求、退回条件法定限制等一系列规制手段，有如紧箍咒一般，限制了劳务派遣的发展，封杀了集团型企业使用劳务派遣用工模式的空间。

二、以案看法

　　某公交公司与某劳务派遣公司签订劳务派遣协议，协议约定由该劳务派遣公司向公交公司派遣员工，而公交公司将这些劳务派遣员工安排从事公交车辆的驾驶工作。在若干年后，其中一名劳务派遣员工郑某以公交公司安排从事的驾驶员岗位不符合法律规定的"三性"岗位规定为由，向当地仲裁机构提出申请，要求确认其与劳务派遣公司之间签订的劳动合同无效，确认其与公交公司之间存在劳动关系。

　　争议焦点：劳务派遣用工违反"三性"、比例要求是否当然无效

　　根据《中华人民共和国劳动合同法》的规定，劳动合同用工是我国企业的基本用工形式，而劳务派遣用工是补充形式，只能在临时性、辅助性或者替代性的工作岗位上实施。其中，临时性工作岗位是指存续时间不超过6个月的岗位；辅助性工作岗位是指为主营业务岗位提供服务的非主营业务岗位；替代性工作岗位是指用工单位的劳动者由于脱产学习、休假等原因无法工作的一定期间内，可以由其他劳动者替代工作的岗位。此外，《劳务派遣暂行规定》还明确了"用工单位决定使用被派遣劳动者的辅助性岗位，应当经职工代表大会或者全体职工讨论，提出方案和意见，与工会或者职工代表平等协商确定，并在用工单位内公示"的要求。

　　除了上述关于劳务派遣用工必须限制在"三性"岗位的规定以外，法律上对于劳务派遣用工的另一大规制就是"用工比例"

的限制。《劳务派遣暂行规定》明确，用工单位应当严格控制劳务派遣用工数量，使用的被派遣劳动者数量不得超过其用工总量的10%；用工总量是指用工单位订立劳动合同人数与使用的被派遣劳动者人数之和。

那么问题来了：如果遇到案例中的情形，即劳务派遣用工违反"三性"或"比例"的规定，是否会直接导致劳务派遣用工行为无效或不成立，从而造成用工单位与劳动者之间建立事实劳动关系？

关于这个问题，不同地区的行政和司法部门存在两种截然不同的观点：

第一种观点，如《上海市人力资源和社会保障局、上海市高级人民法院关于劳务派遣适用法律若干问题的会议纪要》的意见认为，"三性"岗位、派遣用工比例的规定均是以派遣单位或用工单位为义务主体的管理性规定，仅违反相关管理性规定的，不影响派遣协议和劳动合同的效力。派遣单位、用工单位违反相关管理性规定的，由人力资源社会保障行政部门责令其限期整改。

第二种观点，《重庆市职工权益保障条例》及《辽宁省职工劳动权益保障条例》的相关条款则规定，劳务派遣用工违反"三性"或其他法律法规有关劳务派遣的禁止性规定的，视为用工单位与被派遣职工直接建立劳动关系，用工单位应当与其订立劳动合同。

小贴士

对于集团型企业而言，用工往往分布在全国的不同省市，所以集团型企业需要注意了解各地不同的规定或者司法实践，以避免某些做法在部分地区违反强制性规定而造成的用工风险。集团型企业规模大，分支机构众多且遍布于各个地区甚至国家，而各地政策多有不同。然而调研结果仍显示，集团型企业大多采取统一适用总部政策，可谓"牵一发而动全身"。一旦出现问题，争议便会接二连三地发生，不仅对内部人力资源管理产生冲击，也会对企业形象造成负面影响。如果集团型企业能够本着公平、平等、尊重、关爱的原则，制定保护劳动者利益的政策，并统一贯彻，那么它在最大限度避免用工风险的同时，能够形成优秀的企业文化，还能增强企业向心力、凝聚力，提升社会评价，以及在形成和谐劳资关系的同时，获得品牌升值这一无形的宝贵财富。

另一个需要注意的问题是，集团型企业在计算劳务派遣用工比例时需要注意，按照《劳务派遣暂行规定》的要求，"计算劳务派遣用工比例的用工单位是指依照劳动合同法和劳动合同法实施条例可以与劳动者订立劳动合同的用人单位"。也就是说，集团型企业的下属企业应注意各自的劳务派遣用工比例均不得超过10%，而不能认为整个集团未超比例便不存在任何法律风险。

第三节　外包发展之路——法律规制的必然后果

一、应运而生

外包是指企业动态地配置自身和其他企业的功能和服务，并利用企业外部的资源为企业内部的生产和经营服务。外包起步于讲究专业分工的20世纪末。当时，企业为维持组织竞争核心能力，以及走出因组织人力不足的困境，从而将组织的非核心业务委托给外部的专业公司或机构，以降低营运成本、提高品质、集中人力资源、提高顾客满意度。

但是，外包业的真正大量兴起却是伴随着劳务派遣受到严格规制应运而生的，这恐怕是一个出乎意料但又在情理之中的结果。随着劳务派遣规制愈演愈烈，国内的一众劳务派遣公司也随之纷纷华丽转身，转型为提供各类外包服务的人力资源公司，并着力于将外包作为替代劳务派遣的用工方式。然而，劳务派遣转为外包真的只是一个名字的变更而已吗？对于集团型企业而言，外包会不会又是一次按下葫芦浮起瓢的无用功呢？

二、以案看法

S公司与Z公司签订了一份期限为一年的驾驶服务合同，合同约定Z公司为S公司提供驾驶服务，指派甲某为具体服务人员，S公司每月支付服务费3 000元，并承担税费。一年后，双方续订驾驶服务合同，期限仍为一年，约定服务费调整为3 300元，其他内容不变。甲某在担任S公司总经理驾驶员期间，每日填写服务记录，每周填写驾驶服务周记录，记录出发时间、结束时间、公里数、总小时数等信息，并由总经理签字后交S公司。平常，甲某根据S公司的要求发车。S公司按月计算服务总费用（服务费加8%税费）后支付至甲某银行账户，甲某每月收款后将8%税费外加200元管理费支付给Z公司，Z公司再开具发票提供给S公司。

一年后，S公司以服务合同到期为由要求甲某停止驾驶员服务。甲某不服，遂提出仲裁申请，要求确认其与S公司之间的事实劳动关系，并要求S公司支付未签劳动合同期间的双倍工资以及违法解除劳动合同赔偿金。

本案经过仲裁、一审、二审三个阶段。一审法院在审理期间查明并认为：Z公司并未与甲某签订劳动合同，Z公司仅将甲某派至S公司提供驾驶服务并开具发票、收取管理费；除此之外，Z公司不能举证证明其还向S公司提供了其他服务，也不能证明对甲某进行了日常管理，而Z公司向S公司提供的仅为甲某的劳务费。因此，S公司、Z公司以及甲某之间虽名为服务外包关系，实为劳务派遣关系。此外，Z公司未达法定的劳务派遣机构设立条件擅自从事劳务派遣业务，属于非法用工，因此其向S公司提供的劳务派遣应属无效劳务派遣。S公司与甲某之间基于实际用工关系形成劳动关系。

基于上述原因，一审法院判决S公司支付甲某违法解除劳动合同赔偿金，Z公司对此承担连带责任。二审法院也做出同样的认定。

争议焦点：案件中的外包行为是否合法，究竟是真外包还是假外包

《劳务派遣暂行规定》第二十七条规定："用人单位以承揽、外包等名义，按劳务派遣用工形式使用劳动者的，按照本规定处理。"也就是说，如果仅仅是名义上的外包，但是用工形式的实质属于劳务派遣，那么行政、司法部门就会依法界定用工行为属于"假外包""真派遣"。那么，外包和派遣之间的实质性差异究竟有哪些呢？

第一，各方关系不同。 劳务派遣用工属于三方关系，除了实际用工单位与劳务派遣公司之间的合同关系，以及劳务派遣公司与劳动者之间的劳动关系外，实际用工单位与劳动者之间也存在劳务用工关系；在外包关系中，发包方与服务人员无直接关系。

第二，管理权限不同。 在劳务派遣关系中，实际用工单位可以直接给劳务派遣劳动者分配工作任务，并监督指挥其完成工作任务，也就是说用工单位可以直接管理劳务派遣员工；但是在外包关系中，发包方对服务人员无直接管理权限。

第三，工作成果不同。 在劳务派遣关系中，实际用工单位根据劳务派遣公司派遣的劳动者及其实际工作，向劳务派遣公司支付管理费，并向劳务派遣员工支付工资；在外包关系中，发包方根据外包业务的工作成果（产品或结果）向承包方支付外包服务费，至于承包方向劳动者实际支付的工资则和发包方并无关系。

第四，经营资质要求不同。 在劳务派遣关系中，按照修订后的《中华人民共和国劳动合同法》要求，劳务派遣公司经营劳务派遣业务必须经劳动行政部门行政许可并取得劳务派遣经营许可证；在外包关系中，对于承包方而言，除国家有特殊资质要求的行业（或业务）外，承包方并不需要获得行政许可。

第五，纳税成本不同。在劳务派遣关系中，实际用工单位向劳务派遣员工支付的工资仅涉及员工个人应缴纳的个人所得税，而不涉及其他税种，并且只有实际用工单位向劳务派遣公司支付的服务费涉及增值税；在外包关系中，发包方向承包方支付的所有服务费用，均涉及增值税。

经过以上分析，本案中的用工行为被判定为"假外包"就不足为奇了。

小贴士

集团型企业由于涉及用工主体多、机构分布广、员工人数多等特点，往往在用工的合规性方面被寄予更高的要求，在考虑外包用工这个问题时需要格外注意。

首先，外包并非劳务派遣的简单变形或替代方案，两者的实质有很大区别，这也决定了集团型企业内并非任何岗位都适合采用外包形式。另外，不同于劳务派遣员工可以与直接雇用员工混岗（同一类岗位上有两种不同用工形式的员工），外包员工则不可以存在与直接雇用员工混岗的情况，否则这种外包形式将被认定为假外包。因此，集团型企业首先需要做好业务或岗位的甄别，对于确需外包的，应当将整个岗位或业务线外包。

其次，集团型企业在选用外包的时候，应当谨慎选择外包服务供应商：对于国家有特殊资质要求的业务，选用具有资质的外包机构是底线；对于国家没有特殊资质要求的业务，也应当选用行业内声誉较好、规模较大、管理规范的服务商。

最后，在实际使用外包服务的过程中，集团型企业应避免发生直接管理外包服务供应商员工的行为。发包方应时刻注意避免对工作过程进行管控，而应把注意力集中在工作结果或者产品成果之上，从而避免因被认定假外包而产生一系列风险。

第十二章

职工代表大会与工会

当前和未来一段时期，我国仍处于重要的战略机遇期，经济运行稳中有变，外部环境复杂严峻，劳动关系不稳定性增加。与此同时，随着用工方式的多元化、灵活化，劳动关系领域新情况新问题层出不穷，劳动争议案件不仅数量逐年上升，案件争议焦点和诉求类型也逐渐多元化。

发挥职工代表大会等企业民主管理的有效形式，对于源头治理劳动关系、妥善化解劳动关系运行中的不稳定因素具有积极作用。工会是职工代表大会的工作机构，企业民主管理的有序运行离不开工会的积极运作。实践中常常存在一种认识误区，即将工会和职工代表大会的职能相混淆。本章旨在厘清工会和职工代表大会各自在企业民主管理中的角色，更好地帮助读者了解两者在企业和谐劳动关系建设中的积极作用。

第一节　职工代表大会制度

一、立法脉络

　　职工代表大会（以下简称职代会）是职工行使民主管理权利的机构，是企业民主管理的基本形式。

　　在我国，职代会的起源可以追溯到20世纪50年代。当时，国营和公营企业中普遍采取职代会和工厂管理委员会的形式。20世纪80年代先后颁布或修订的《国营工业企业职工代表大会暂行条例》《中华人民共和国宪法》《全民所有制工业企业职工代表大会条例》分别对国营企业通过职代会和其他形式实行民主管理予以明确。1988年通过的《中华人民共和国全民所有制工业企业法》以法律的形式规定职代会的性质、工会和职代会的关系，明确职代会是职工行使民主权利的机构，企业工会委员会是职代会的工作机构并且负责职代会的日常工作。该法草案在提交讨论时并无上述规定。后来，经全国总工会联络相关基层和专家向决策层呼吁，《中华人民共和国全民所有制工业企业法》才补充了上述规定。1992年通过的《中华人民共和国工会法》，再次对职代会制度和工会与职代会关系做了规定。1993年颁布又在1999年、2004年、2005年、2013年、2018年先后修正的《中华人民共和国公司法》规定，不论何种所有制类型的公司制企业均要通过职代会或其他形式实行民主管理。之后出台的《中华人民共和国劳动法》《中华人民共和国劳动合同法》均明确了实行平等协商和签订集体合同的制度，并把这项制度与职代会等民主管理制度相结合。上述立法，既有相关主体实体权利的规定，又有实施程序的安排。

2012年，中纪委、中组部、国务院国资委、监察委、全国总工会、全国工商联联合下发的《企业民主管理规定》，是继《全民所有制工业企业职工代表大会条例》以来，全面规范以职代会为基本形式的企业民主管理的重要规章，是促进企业规范民主管理制度、提高民主管理成效的重要遵循。该规定明确提出："企业应当按照合法、有序、公开、公正的原则，建立以职工代表大会为基本形式的民主管理制度，实行厂务公开，推行民主管理。公司制企业应当依法建立职工董事、职工监事制度。企业应当尊重和保障职工依法享有的知情权、参与权、表达权和监督权等民主权利，支持职工参加企业管理活动。"

二、制度概述

（一）职代会制度的三大主体

职代会制度作为基层民主政治建设的一项重要内容，首先要坚持党的领导，发挥党的领导核心和政治核心作用。各级党委、政府职能部门以及劳动关系三方对职代会制度的建立也负有相应职责。《企业民主管理规定》规定，各级党委纪检部门、组织部门，各级人民政府国有资产监督管理机构和监察机关等有关部门应当依照各自职责，对企业民主管理工作进行指导、检查和监督。企业代表组织应当推动企业实行民主管理，促进企业健康发展。上级工会应当指导和帮助企业工会和职工依法开展企业民主管理活动，对企业实行民主管理的情况进行监督。

职代会的建制主体是企业。《企业民主管理规定》第三条第二款指出："企业应当按照合法、有序、公开、公正的原则，建立以职工代表大会为基本形式的民主管理制度，实行厂务公开，推行民主管理。"

职代会的工作机构是工会。在实践中，个别企业的经营管理者将职代会能否顺利审议通过事项的压力直接强加于工会，而未考虑审议通过事项自身的合理性。因此，需要强调的是，企业应当为职代会的正常运作和职权发挥提供必要的支持和保障。

（二）职代会制度的两大形式

职代会或职工大会是职代会制度的两大形式。《企业民主管理规定》第八条规定："企业可以根据职工人数确定召开职工代表大会或者职工大会。"民主应以广泛参与为其价值取向。在实践中，企业要结合自己的职工人数和会议成本等进行综合考虑。企业召开职代会的，职工人数最少不少于30人。需要说明的是，两种形式的职权是相同的，并按照相同的组织制度、议事规则来规范运作。

三、职代会的主要职权

（一）审议建议权

职代会的审议建议权，是指关系企业发展和职工利益的重要事项以及工会与经营管理方协商的重要事项，由企业经营管理方或工会向职代会报告，接受职代会审议，听取职工代表的建议。该职权以知情、参与为目的，对审议的事项提出建议，不具有决定性效力，实质在于保障职工的知情权。根据《企业民主管理规定》，职代会的审议建议权主要包括：听取企业主要负责人关于企业发展规划、年度生产经营管理情况，企业改革和制定重要规章制度情况，企业用工、劳动合同和集体合同签订履行情况，企业安全生产情况，企业缴纳社会保险费和住房公积金情况等报告，提出意见和建议；审议企业制定、修改或者决定的有关劳动报酬、工作时间、休息休假、劳动安全卫生、保险福利、职工培训、劳动纪律以及劳动定额管理等直接涉及劳动者切身利益的规章制度或者重大事项方案，提出意见和建议。此外，国有企业和国有控股企业职代会的审议建议权还包括如下事项：听取和审议企业经营管理主要负责人关于企业投资和重大技术改造、财务预决算、企业业务招待费使用等情况的报告，听取和审议专业技术职称的评聘、企业公积金的使用、企业的改制方案等报告，并提出意见和建议。

（二）审议通过权

职代会的审议通过权，是指关系职工切身利益的重要事项及其方案，在组织职工代表对方案或草案进行审议的基础上进行表决，形成赞成或否定的意见。该职权是在企业与职工代表双方充分协商的基础上，通过审议进行表决，形成通过或不通过的决定，是一种劳资共决的体现。根据《企业民主管理规定》，职代会的审议建议权主要包括：审议通过集体合同草案，按照国家有关规定提取的职工福利基金使用方案、住房公积金和社会保险费缴纳比例和时间的调整方案，劳动模范的推荐人选等重大事项。国有企业和国有控股企业职代会的审议建议权还包括如下事项：审议通过企业合并、分立、改制、解散、破产实施方案中职工的裁减、分流和安置方案。

（三）审查监督权

职代会的审查监督权，是指经职代会审议通过以及经职代会决定的事项，其落实情况应由企业经营管理方或工会向职代会报告，接受职代会的审查、监督。例如，职代会的审查监督范围包括审查监督企业执行劳动法律法规和劳动规章制度情况等。

（四）民主选举权

职代会的民主选举权，是指在职代会上，依据法律或者协商确定，由职工代表民主选举产生有关人员。这一职权更倚重程序上的蕴意——要求相关人员的产生过程经职代会的选举，是民主管理源头参与的保障。根据《企业民主管理规定》，职代会行使的民主选举权包括：选举职工董事、职工监事，选举依法进入破产程序企业的债权人会议和债权人委员会中的职工代表，根据授权推荐或者选举企业经营管理人员，等等。

（五）民主评议权

职代会的民主评议权，是指在职代会上，依据法律规定或者协商确定，由职工代表对企业领导人员等进行民主评议，并提出奖惩建议。该职权既是行使民主监督权、完善内部约束机制的制度保证，也是促进企业领导人员不断改进工作、提升管理水平的有效途径。民主评议的主要对象为：企业经营管理人员、职代会民主选举的人员（如职工董事、职工监事）等。

总之，职代会是一个"行使权利"的机构，行使的是全体职工的"共同权利"。作为一项以职工全员参与为基础的"代议制"民主形式，职代会要充分保证职工参与的广泛性和代表意愿的真实性。

四、企业工会与民主管理

（一）工会是企业民主管理的积极推动力量

《中华人民共和国工会法》等法律法规均明确规定，工会组织应当通过职代会或者其他形式组织职工参与本单位的民主决策、民主管理和民主监督。《企业民主管理规定》第五条规定："企业工会应当组织职工依法开展企业民主管理，维护职工合法权益。"工会在企业民主管理中的地位和作用是由工会本身的性质和地位决定的。工会是职工利益的代表者和维护者，而企业实行民主管理旨在维护职工的知情权、表达权、参与权和监督权。因此，工会的基本职责和企业民主管理的根本任务具有一致性。在企业外部，各级地方工会积极参与涉及职工切身利益的法律法规、政策的制定，推动职工参与和融入企业管理和企业决策中，它们是推进企业实行民主管理的重要社会力量。在企业内部，工会代表职工与企业经营管理者签订集体合同，并将集体合同草案提交职代会讨论，筹备并组织召开职代会，组织开展日常职工参与的活动，并且有权推荐职工董事、职工监事的候选人。

（二）工会是企业民主管理的主要运作机构

企业民主管理的有序运行，离不开工会的积极运作。《中华人民共和国工会法》《全民所有制工业企业职工代表大会条例》《企业民主管理规定》等法律法规都明确规定，工会是职代会的工作机构，负责职代会的日常工作，主要职责是：提出职代会代表选举方案，组织职工选举职工代表和代表团（组）长；征集职工代表提案，提出职代会议题的建议；负责职代会会议的筹备和组织工作，提出职代会的议程建议；提出职代会主席团组成方案和组成人员建议名单；提出专门委员会（小组）的设立方案和组成人员建议名单；向职代会报告职代会决议的执行情况和职代会提案的办理情况、厂务公开的实行情况等；在职代会闭会期间，负责组织专门委员会（小组）和职工代表就企业职代会决议的执行情况和职代会提案的办理情况、厂务公开的实行情况等，开展巡视、检查、质询等监督活动；受理职工代表的申诉和建议，维护职工代表的合法权益；向职工进行民主管理的宣传教育，组织职工代表开展学习和培训，提高职工代表素质；建立和管理职代会工作档案。

（三）工会、工代会与职代会

工会是职工自愿结合的群众组织。在实践中，一些企业常常存在一些误区：一种是将工会的职能混同于职代会，认为工会的工作就是职代会的工作，工会的意见就是职代会的决议；另一种是将工作机构与常设机构进行混淆，常设机构的权力源于职代会，在闭会期间有权行使职代会的职权。工会并非职代会的常设机构，仅能行使其作为工作机构的相关职责，负责职代会的日常工作，检查、监督职代会决议的执行，等等。

工会代表大会（以下简称"工代会"）是工会的最高权力机构，而企业的职代会是职工行使民主管理权力的机构。两者性质、任务不尽相同，代表的构成也不尽相同。绝大多数的企业职工是工会会员，部分职工代表同时是工会会员代表。工代会与职代会可以采取"同时参加、分步开展"的方式进行。也就是说，职代会和工代会应分阶段进行。工代会审议通过工会工作报告、民主选举新的工会委员会等。职代会审议涉及企业经营管理的重大问题和重大决策，审议通过涉及职工切身利益的重要事项，等等。两者根据各自的具体职权，分别做出决议。

五、职代会实务中的热点问题

（一）职代会建制的必要性分析

在国家层面的法律法规中，职代会建制大多为原则性规定。《企业民主管理规定》明确提出："企业应当按照合法、有序、公开、公正的原则，建立以职工代表大会为基本形式的民主管理制度，实行厂务公开，推行民主管理。公司制企业应当依法建立职工董事、职工监事制度。企业应当尊重和保障职工依法享有的知情权、参与权、表达权和监督权等民主权利，支持职工参加企业管理活动。"《企业民主管理规定》缺少罚则，刚性略有不足。

截至2019年5月，全国已有24个省、自治区、直辖市制定了30部关于民主管理的地方性法规。在职代会专项地方立法中，有10部地方性法规，分别是《上海市职工代表大会条例》《甘肃省职工代表大会条例》《四川省职工代表大会条例》《西藏自治区职工代表大会条例》《湖南省职工代表大会条例》《黑龙江企事业单位职工代表大会条例》《云南省职工代表大会条例》《江西省职工代表大会条例》《山东省企业职工代表大会条例》《新疆维吾尔自治区职工代表大会条例》，以及1部地方政府规章《辽宁省职工代表大会规定》。其中，除《山东省企业职工代表大会条例》仅界定了"企业"，其余均将企事业单位明确为建制主体，部分地方将民办非企业也囊括在内。在法律责任中，各地均将"不建立职工代表大会制度"视为违法行为。大部分地区的罚则相对柔性，一般限于限期改正、通报批评、行政处分，或以"依法处理"作为兜底条款。有个别省市采取了更有力度的罚则设置，如黑龙江规定"拒不改正的，对主要责任人处1 000元以上5 000元以下的罚款"，新疆规定"逾期不改正的，予以通报批评，并可提请县级以上人民政府劳动保障行政部门依法处以2 000元以上20 000元以下罚款，对企事业单位法定代表人处以1 000元以上5 000元以下罚款"，以及辽宁规定"提请劳动保障行政部门依法处理，并按不良信誉行为记录在案"。但实践中的效果如何，不得而知。

最晚出台的《上海市职工代表大会条例》，在各地实践的基础上，在罚则上有了进一步明确和突破，增强了执法刚性。

第四十六条　市和区总工会应当将企事业单位实行职工代表大会制度的情况纳入工会劳动法律法规监督检查的内容。对企事业单位违反本条例规定的行为，可以发出工会劳动法律监督整改意见书，要求企事业单位在九十日内予以改正。对企事业单位逾期不改正的，市和区总工会可以根据需要向同级国有资产、教育、科技、文化、卫生等主管部门和人力资源社会保障等行政管理部门提出工会劳动法律监督处理建议书。

对违反本条例规定引发群体性劳动纠纷的企事业单位，以及工会开具劳动法律监督处理建议书的企事业单位，国有资产、教育、科技、文化、卫生等主管部门和人力资源社会保障等行政管理部门应当依法进行调查处理，督促企事业单位在三十日内予以改正。

对企事业单位逾期仍不改正的，由市总工会按照本市社会信用管理的相关规定将该信息纳入市公共信用信息服务平台。对违反劳动保障法律法规的，由人力资源社会保障行政管理部门依法作出行政处理。

当下，全国各地正在强力推进诚信机制建设，将一些违法违规行为纳入诚信"黑名单"中。因此，很多地方工会以此为契机，积极将"工会元素"纳入诚信机制建设中。为此，上海市总工会制定出台的《上海工会归集和管理失信信息办法（试行）》规定，失信信息涵盖用人单位在工会组建、职代会和集体协商建制和运行过程中违反相关法律法规的法人信息，并明确违反《上海市职工代表大会条例》的失信行为包含以下行为：阻挠建立职代会制度的；妨碍职代会依法召开和行使职权的；应当提交职代会审议和审议通过的事项，未按照法定程序提交，给职工造成损害的；擅自变更或者拒不执行职代会决议并侵害职工权益的；其他违反职代会制度相关法律法规的行为。

从实践效果来看，2014年至2017年，上海市各级工会对85家企业发出"工会劳动法律监督整改意见书"，其中79家企业在规定期限内完成整改，整改率达到92.9%。对于6家逾期不改正的企业，相关区总工会向当地人力资源社会保障部门发出"工会劳动法律监督处理意见书"。通过政府管理部门的督促，其中3家企业按规定要求进行了整改。对于逾期仍不改正的3家企业，市总工会将其违法信息纳入市公共信用信息服务平台，予以失信联合惩戒。通过"工会劳动法律监督整改意见书""工会劳动法律监督处理意见书"以及信用信息的综合运用，包括世界500强企业、国内知名企业在内的一批企事业单位建立和规范运行职代会制度，有效解决了职代会建制缺乏有效制约手段的问题。[①]

（二）职代会建制建议

工会"两书"是指"工会劳动法律监督建议书"和"工会劳动法律监督意见书"。工会"两书"制度发轫于云南，成熟于上

---

① 资料来源：上海人民出版社出版的《〈上海市职工代表大会条例〉释义》。

海。目前，包括四川、青海等20多个省市工会高度重视"两书"的作用，将其作为维护职工合法权益的重要法律武器。云南还通过了《云南省工会劳动法律监督条例》，将工会"两书"上升到法律层面，开启了工会"两书"制度入法的进程。由于工会"两书"进入地方立法需要一个过程，因此各地工会纷纷开始尝试将其纳入诚信建设机制。

职代会制度是我国职工参与公司治理的主渠道，它以维护企业与职工的共同发展为目标，以协调劳动关系为重点，以职工广泛参与为特征，以规范的民主程序为保障，是具有中国特色的企业民主管理制度。推行职代会制度，不仅是企业和谐劳动关系建设的有力抓手，更是建立现代企业管理制度、增强企业发展活力的客观要求。

此外，在实践中，很多企业将民主恳谈会、民主沟通会、民主协商（议事）会、职工座谈会等形式作为企业民主管理的有益补充和新途径。例如，在民主恳谈会上，通过围绕职工反映的热点问题和职工普遍关心的问题，企业主要领导可与职工面对面沟通，将企业改革发展的阶段性重点目标、企业管理的难点与职工进行讨论，听取职工意见，扩大职工的参与权，力求问题的推进和解决。这些民主管理新形式的推行，一方面符合不同经营形态企业的需求，另一方面也为职工参与企业民主管理提供了更多灵活便捷的方式。

集团型企业应根据总分机构所在地的地方性规定，因地制宜、积极稳妥地选择企业民主管理形式。

第二节　企业工会

一、工会组建问题

（一）工会组建的必要性

《中华人民共和国工会法》第二条规定："工会是职工自愿结合的工人阶级的群众组织。"《中华人民共和国工会法》第三条规定："在中国境内的企业、事业单位、机关中以工资收入为主要生活来源的体力劳动者和脑力劳动者，不分民族、种族、性别、职业、宗教信仰、教育程度，都有依法参加和组织工会的权利。任何组织和个人不得阻挠和限制。"

尽管企业没有主动组建工会的强制性义务，但是依据《中华人民共和国工会法》等相关规定，用人单位在工会组建中却负有两项义务。第一，消极义务。用人单位不得阻挠职工依法参加和组织工会或者阻挠上级工会帮助、指导职工筹建工会。第二，积极义务。如果职工自愿组建了工会，企事业单位应当为工会办公和开展活动提供必要的设施和活动场所等物质条件。

（二）工会组建的新动向

针对实践中工会组建难的现状，中华全国总工会以及地方各级工会都在积极探索行之有效、刚柔相济的建会模式。常见的建会举措有"征缴工会筹备金""网上建会""联合工会"等。以上海市为例，实践中的建会举措包括以下方面。企业作为"理性经济人"的市场主体，非常有必要予以全面了解并算好建会这笔经济账。

- 单体入会推动建会。企业工会应以坚持服务为先，聚焦职工需求，有针对性地开展入会宣传；将依法缴纳会费作为职工自愿入会的主要标志，并实行会费增值措施，即以高于会员缴纳的会费标准，通过服务项目反哺会员，形成会员与非会员的区别效应；依托村居、园区、街面、楼宇、服务站等工会"蓄水池"，以工会App（应用软件）为个人入会的快捷通道。当企业工会会员达到一定人数后，上级工会主动上门指导建会。

- 影响信用评级。对阻挠或拖延建会的企业，基层工会或上级工会有权根据"工会劳动法律监督整改意见书"和"工会劳动法律监督处理意见书"责令其改正；仍不改正的，将被上海市公共信用信息服务平台曝光。

- 影响政治荣誉。在酝酿市、区人大代表、政协委员、工商联执委等具有政治身份人士和各类评先评优活动中，对于非公有制企业的人选，需征询企业工会的意见，而不建会的企业将被一票否决。

- 影响地方财政补贴的享受。根据上海市出台的《关于区县使用地方教育附加专项资金开展职工职业培训工作的指导意见》精神，补贴资金可高达企业实际培训费用的60%～80%，但根据审批流程，企业要想争取到此项补贴资金，前提是必须建立工会组织，并由工会通过职代会（或职工大会）等企业管理民主形式规范培训制度的制定和运行。企业工会在此过程中发挥着积极作用。

- 缴费强制执行。对无正当理由拖延或者拒不拨缴工会经费的企业，经宣传教育、沟通协商无效的，基层工会或上级工会可向法院申请支付令。

上述建会模式的基本逻辑是：秉持依法治会的法治思维，主动争取党政支持，汇聚各方力量，动员社会资源，做实服务职工各项工作，提高企业不入会的成本，加大会员入会后的红利。最具独特性的是，上述建会模式形成了坚持法治思维和公权力参与的组建机制。

- 坚持法治思维组建机制。该机制一改过去"建会找老板"的传统做法，坚持以职工为本，通过"企业外入会"的方式，让职工真正成为建会的主体。这也严格符合《中华人民共和国工会法》第二条"工会是职工自愿结合的工人阶级的群众组织"，依法正面回应了某些企业认为组建工会不是企业责任的观点。"支付令"在《中华人民共和国工会法》第四十三条中有明确规定："企业、事业单位无正当理由拖延或者拒不拨缴工会经费，基层工会或者上级工会可以向当地人民法院申请支付令；拒不执行支付令的，工会可以依法申请人民法院强制执行。"
- 坚持公权力参与的组建机制。工会作为社团组织，不具有有权机关的行政强制力。因此，长期以来，单靠工会本身，一些刚性的工会政策很难在企业中推行，最典型的就是建会。

然而，正如《中国工会章程》所指出的那样，工会的一项重要职能正是"党联系职工群众的桥梁和纽带"。在此背景下，一旦柔性的协商建会难以奏效，通过必要的行政力量予以支持也便属于当然之举了。在实践中，行政机关的政策文件中不乏"未建工会一票否决"的操作路径。

（三）工会组建的建议

在实践中，部分企业百般推诿建会的理由大致包括：误解了中国工会的性质，生怕培养了行政的对立面；不愿意拨缴工会经费；不建工会的罚则轻。《企业工会工作条例》开宗明义：维护职工权益、促进企业发展是企业工会的重要作用。企业工会在劳动竞赛、安全生产、协调劳动关系、关爱员工、企业文化建设等各方面，都可以成为企业行政的得力助手。因此，企业大可不必有如临大敌的对抗思维。工会经费取之于民，用之于民。以上海市为例，企业在上缴工会经费的同时，每年都可以通过各类免费的服务项目或经费补贴，享受到来自上级工会的大量的物质反哺。随着建会模式的创新，不建会的负面效应越发显现，《中华人民共和国工会法》也不再是没有牙齿的老虎。企业如果顺势建会，则可取得相当的政策红利，既能为企业发展争取更多资源支持，又能促进企业的和谐劳动关系建设。企业应妥善处理来自工会和职工的建会需求，积极引导，顺势而为。

二、工会在企业民主管理中的职责

《中华人民共和国工会法》第六条以及第三章（工会的权利和义务）中对工会的职责及权益做了具体的规定。概括来说，工会的基本职责为维护职工的合法权益。落实到具体工作中，工会的基本权利包含以下几个方面。

- 代表权。例如，在集体协商或"罢工"时，工会代表职工与用人单位进行协商、谈判等。
- 监督权。例如，用人单位单方解除劳动合同前，应当事先将理由通知工会。
- 支持权。例如，在职工与用人单位订立劳动合同时或发生劳动争议后，工会会给予职工指导、帮助等。
- 法人权。工会拥有名称、场所、财产、名誉等。

在参与企业民主管理方面，工会的相关职责主要表现为以下方面。

- 支持和组织职工以职代会等形式参与企业民主管理。国有企业职代会是企业实行民主管理的基本形式，是职工行使民主管理权力的机构；国有企业的工会委员会是职代会的工作机构，负责职代会的日常工作，检查、督促职代会决议的执行。集体企业的工会委员会，应当支持和组织职工参加民主管理和民主监督，维护职工选举和罢免管理人员、决定经营管理的重大问题的权利。其他企业、事业单位的工会委员会，依照法律规定组织职工采取与企业、事业单位相适应的形式，参与企业、事业单位民主管理。

■ 对企业经营管理和发展以及涉及职工切身利益的重大事项提起建议。企业、事业单位研究经营管理和发展的重大问题应当听取工会的意见；召开讨论有关工资、福利、劳动安全卫生、社会保险等涉及职工切身利益的会议，必须有工会代表参加。国家机关在组织起草或者修改直接涉及职工切身利益的法律、法规、规章时，应当听取工会意见。县级以上各级人民政府制订国民经济和社会发展计划，对涉及职工利益的重大问题，应当听取同级工会的意见。县级以上各级人民政府及其有关部门研究制定劳动就业、工资、劳动安全卫生、社会保险等涉及职工切身利益的政策、措施时，应当吸收同级工会参加研究，听取工会意见。

■ 代表职工通过集体协商、签订集体合同等形式参与企业民主管理。工会代表职工与企业以及实行企业化管理的事业单位进行平等协商，签订集体合同。在企业工会代表职工与企业签订集体合同时，上级工会应当给予支持和帮助。

■ 监督企业的民主管理。企业、事业单位违反职代会制度和其他民主管理制度，工会有权要求纠正，保障职工依法行使民主管理的权利；企业违反集体合同、侵犯职工劳动权益的，工会可以依法要求企业承担责任；因履行集体合同发生争议，经协商解决不成的，工会可以向劳动争议仲裁机构提请仲裁，仲裁机构不予受理或者对仲裁裁决不服的，可以向人民法院提起诉讼；用人单位在单方解除劳动合同前，应当事先将理由通知工会；等等。

概括言之，工会是代表、组织、帮助职工参与企业民主管理，维护职工参与企业民主管理权益的重要组织。

现行劳动法律法规特别强调在用人单位单方解除劳动合同中工会的监督权，并且在实务中，劳动关系双方也常因对此问题理解不一而引发争议。因此，下文针对此问题进行专门的总结分析。

公司单方解除员工劳动合同如未通知工会，解除行为是否有效？

现行关于工会在企业单方解除劳动合同上监督权的法律规定主要体现在《中华人民共和国劳动法》《中华人民共和国工会法》《中华人民共和国劳动合同法》中。《中华人民共和国劳动法》第三十条规定："用人单位解除劳动合同，工会认为不适当的，有权提出意见。如果用人单位违反法律、法规或者劳动合同，工会有权要求重新处理；劳动者申请仲裁或者提起诉讼的，工会应当依法给予支持和帮助。"《中华人民共和国工会法》第二十一条第二款规定："企业单方面解除职工劳动合同时，应当事先将理由通知工会，工会认为企业违反法律、法规和有关合同，要求重新研究处理时，企业应当研究工会的意见，并将处理结果书面通知工会。"《中华人民共和国劳动合同法》第四十三条规定："用人单位单方解除劳动合同，应当事先将理由通知工会。用人单位违反法律、行政法规规定或者劳动合同约定的，工会有权要求用人单位纠正。用人单位应当研究工会的意见，并将处理结果书面通知工会。"

依据上述规定，用人单位在单方解除劳动合同时，应当事先将理由通知工会。对用人单位违反法律、行政法规规定或者劳动合同约定的，工会有权要求用人单位纠正。用人单位应当研究工会的意见，并将处理结果书面通知工会。可见，法律规定的工会监督程序，主要体现了工会在企业单方解雇劳动者时的"知情权"和"不当解雇的纠正权"。

关于工会的监督程序，需要注意以下几点。

第一，虽然法律赋予了工会"知情权"和"不当解雇的纠正权"，但是解雇员工的最终决定还是由企业单方决定的，企业只需"研究工会的意见，并将处理结果书面通知工会"。

第二，用人单位在单方解除劳动合同时，未通知工会，是否有补救途径？对于此问题，《最高人民法院关于审理劳动争议案件适用法律若干问题的解释（四）》第十二条明确规定："建立了工会组织的用人单位解除劳动合同符合劳动合同法第三十九条、第四十条规定，但未按照劳动合同法第四十三条规定事先通知工会，劳动者以用人单位违法解除劳动合同为由请求用人单位支付赔偿金的，人民法院应予支持，但起诉前用人单位已经补正有关程序的除外。"也就是说，用人单位如果在劳动争议处理程序中通知了工会的话，则可以算作其进行了补正。

第三，如果用人单位未设立工会，那么工会程序如何实施？针对此问题，法律并未给出答案，司法裁判口径也不尽一致。但在实践中，许多企业采取EMS（邮政特快专递服务）将单方面解除劳动合同的理由送达上级工会的操作，值得我们借鉴。

三、工会干部的特殊保护

为了保障工会依法履行各项职权，《中华人民共和国工会法》《企业工会工作条例》《企业工会主席产生办法》等都明确了工会工作人员特别是"工会干部"（主要指工会主席、副主席、工会委员等）在劳动关系中受特殊保护。这些特殊保护可以概括为期限保护、岗位保护、薪资保护、解雇保护等几个方面（见表12-1）。

表12-1　工会工作人员受到特殊保护的相关条款

保护性条款	条款内容
工作调动保护	当工会主席、副主席任期未满时，不得随意调动其工作；当因工作需要调动时，应当征得本级工会委员会和上一级工会的同意
罢免程序保护	罢免工会主席、副主席必须召开会员大会或者会员代表大会讨论，非经会员大会全体会员或者会员代表大会全体代表过半数通过，不得罢免
任职期限保护	基层工会专职主席、副主席或者委员自任职之日起，其劳动合同期限自动延长，延长期限相当于其任职期间；非专职主席、副主席或者委员自任职之日起，其尚未履行的劳动合同期限短于任期的，劳动合同期限自动延长至任期期满。但是，任职期间个人严重过失或者达到法定退休年龄的除外
财产性保护	企业、事业单位、机关工会委员会的专职工作人员的工资、奖励、补贴，由所在单位支付。企业、事业单位无正当理由拖延或者拒不拨缴工会经费，基层工会或者上级工会可以向当地人民法院申请支付令；拒不执行支付令的，工会可以依法申请人民法院强制执行

（续表）

保护性条款	条款内容
法律责任	违反本法（《中华人民共和国工会法》）规定，对依法履行职责的工会工作人员无正当理由调动工作岗位，进行打击报复的，由劳动行政部门责令改正、恢复原工作；造成损失的，给予赔偿。对依法履行职责的工会工作人员进行侮辱、诽谤或者进行人身伤害，构成犯罪的，依法追究刑事责任；尚未构成犯罪的，由公安机关依照治安管理处罚条例的规定处罚

任期内的工会主席、副主席、工会委员严重违反用人单位规章制度的，用人单位是否可以解除与其之间的劳动合同？对此，劳动和社会保障部办公厅《关于工会主席任职期间用人单位能否因违纪解除劳动合同问题的复函》明确规定，用人单位按照《中华人民共和国劳动法》第二十五条的规定解除劳动合同不受其他附加条件限制。因此，如工会主席、副主席或者委员在任职期间存在《中华人民共和国劳动法》第二十五条规定情形之一的，用人单位可以解除劳动合同。同时，《中华人民共和国工会法》第二十一条规定，用人单位单方面解除职工劳动合同时，应当事先将理由通知工会，若工会认为用人单位违反法律、法规和有关合同，要求重新研究处理时，用人单位应当研究工会的意见，并将处理结果书面通知工会。由此，上述人员在任期内，仍要接受用人单位的管理。如果出现法定的过错解除的情形，那么用人单位可以行使法律赋予的单方解除权。

第十三章
劳动争议处理

第一节　劳动争议界定

劳动争议是指劳动关系当事人因劳动权利义务发生分歧而引起的争议。把握劳动争议的概念要注意两点：一是主体的特定性，即争议双方是具有劳动关系的当事人；二是内容的限定性，即只有争议在涉及劳动权利义务等相关内容时，才有可能是劳动争议。

《最高人民法院关于审理劳动争议案件适用法律若干问题的解释（二）》通过列举的方式，明确了6种不属于劳动争议的情形，为劳动争议范围的判断提供了很重要的参考。不属于劳动争议的6种情形为：（1）劳动者请求社会保险经办机构发放社会保险金的纠纷；（2）劳动者与用人单位因住房制度改革产生的公有住房转让纠纷；（3）劳动者对劳动能力鉴定委员会的伤残等级鉴定结论或者对职业病诊断鉴定委员会的职业病诊断鉴定结论的异议纠纷；（4）家庭或者个人与家政服务人员之间的纠纷；（5）个体工匠与帮工、学徒之间的纠纷；（6）农村承包经营户与受雇人之间的纠纷。以上情形或争议主体不存在劳动关系，或争议内容没有涉及劳动权利义务，因此都不能适用相关劳动法律法规。

因此，若争议双方根本不存在劳动关系，也就不存在劳动争议。我们试举一个关于公司被承包的案例，以做说明。

一、案例介绍

（一）案情简介

上海某公司于2008年在全国诸多省市设立了产品分销部。由于当时人力资源管理体系尚不完善，公司决定将分销部作为外包项目，使其由当地人承包经营。张某是该公司浙江省某市产品分销部的承包人，于2008年6月签订了书面承包协议，并将按照协议约定进行经营成果分配。2009年2月，公司发展迅速，产品热销，为此张某招用了6名销售人员，并以上海公司的名义与销售人员签订了劳动合同。平时，分销部按照上海公司的制度对员工进行管理，业务往来都使用上海公司公章。

从2009年12月起，张某承包的分销部业绩下滑，经营亏损，因此上海公司总部于2010年3月撤销了张某承包的分销部，与张某解除了承包协议。分销部的6名员工在得此消息后，向上海公司总部提出了"安排其他岗位上班"的要求。上海公司总部认为，这6名员工是张某个人自行招用的，与公司总部不存在劳动关系，所以拒绝了他们的请求。

承包人张某与这6名员工一同提出了仲裁申请，要求认定他们与上海公司总部存在劳动关系，并安排其他岗位上班。

（二）仲裁结果

劳动争议仲裁委员会认定了承包人张某招聘的6名员工与上海公司总部存在劳动关系；认定承包人张某与公司总部之间不存在劳动关系，驳回了张某的请求。经调解，上海公司总部向6名员工每人支付了经济补偿，解除劳动关系。

（三）律师点评

1. 问题一：承包人与发包公司之间存在劳动关系吗

随着集团型企业经营规模的扩大和经营形式的变化，许多公司对部分部门实行承包经营。一般来说，承包人多为公司内部职工，他们的工作内容、工作地点、工资标准沿袭不变。但公司有时也采用对外承包的形式，将这些部门承包给公司之外的人员或组织。

对于第一种情况，承包人同时是公司内部职工，具有双重身份。承包人与公司之间既存在劳动关系，又存在承包关系，所以承包人的劳动者身份毋庸置疑。对于第二种情况，承包人是公司之外的人员或组织，承发包双方签订承包协议，只存在民事承包关系，而不存在劳动关系，所以双方之间的争议不属于劳动争议，只能作为民事案件处理。

具体到本案中，上海公司总部在各地设立分销部，使其由当地人承包经营，自负盈亏，而没有提到承包人是本公司的劳动者，所以承发包双方之间只存在单纯的民事承包关系。

2. 问题二：承包人招聘的员工与公司总部之间是否存在劳动关系

根据《关于确立劳动关系有关事项的通知》（劳社部发〔2005〕12号）的规定，同时具备下列情形的，用人单位与劳动者的劳动关系成立：

（一）用人单位和劳动者符合法律、法规规定的主体资格；

（二）用人单位依法制定的各项劳动规章制度适用于劳动者，劳动者受用人单位的劳动管理，从事用人单位安排的有报酬的劳动；

（三）劳动者提供的劳动是用人单位业务的组成部分。

在本案中，上海公司总部和承包人招聘的员工符合法律、法规规定的主体资格，公司总部各项劳动规章制度适用于承包人招聘的员工，张某承包的分销部也是公司总部生产经营的重要组成部分。同时，张某以公司名义与6名销售人员签订了劳动合同，因此上海公司总部与承包人招聘的员工具有劳动关系。

同时，上海市高级人民法院《关于审理劳动争议案件若干问题的解答》第十条对于"用人单位工作人员或承包人在外招用劳动者的，如何认定劳动关系"的问题做出了规定，即"用人单位知道或应当知道其工作人员或承包人以单位名义在外招用人员，不为反对意见；或受招用人员有充分理由相信该工作人员或承包人是代表用人单位的，如果劳动者确实是为该用人单位工作的，应当认定受招用人员与该用人单位之间形成劳动关系"。虽然此解答适用于上海地区，但其中的法律精神对于其他地区同样具有借鉴意义。因为劳动用工也是一种交易行为，根据表见代理的原理，如果劳动者有充分理由相信某一单位的工作人员或承包人是代表该单位的，那么我们可以认定雇佣双方形成了劳动关系。具体到本案中，承包人张某以公司名义与6名销售人员签订了劳动合同，分销部对销售人员的日常管理使用公司的制度，业务往来都使用公司公章，而且销售人员的工作也确实是上海公司的业务组成部分。所有这些都足以让招用的销售人员有充分理由相信承包人张某代表的是上海公司，因此他们与上海公司具有劳动关系。

张某作为承包人，虽然不是劳动关系的用工主体，但是仍然要承担相应的法律责任。《中华人民共和国劳动合同法》第九十四条规定："个人承包经营违法招用劳动者，给劳动者造成损害的，发包的组织与个人承包经营者承担连带赔偿责任。"该规定将发包组织和个人承包经营者视作一个整体，对受损害的劳动者承担连带赔偿责任，极大地保护了劳动者的合法权益，避免了发包方和承包方相互推诿的情形，有利于引导发包组织规范承包经营关系。

二、律师建议

随着市场情况的变化和企业自身规模的调整，许多集团型企业会相应地设立、撤销下属部门或分支机构。如果它们再采用外包等经营形式，那么这会使得原本的法律关系变得更加复杂。

为了规避法律风险，集团型企业要注意选择有经营资格的单位承包，尽量不要承包给个人；制定内容完备的承包协议，明晰当事人法律关系，保护自身的合法权益；避免因承包方以集团型企业的名义招工用工、日常管理、承担责任而引发不必要的纠纷。

第二节　劳动争议分类

常用的劳动争议分类方式主要有以下几种：

- 按照劳动争议中是否含有涉外因素来分类，可分为国内劳动争议和涉外劳动争议。
- 按照劳动争议的内容来分类，可分为权利争议和利益争议。
- 按照职工一方当事人涉及的人数来分类，可分为集体争议和个人争议。
- 按照劳动争议的客体来划分，可分为劳动合同履行争议、劳动合同解除争议、劳动报酬支付争议、保险福利履行争议等。

第三节　劳动争议处理制度

一、概述

根据《中华人民共和国劳动争议调解仲裁法》的相关规定，

我国的劳动争议处理制度可以概括为"协商、调解、仲裁、诉讼"制度。也就是说，在发生劳动争议以后，劳动者可以与用人单位自行协商，也可以请工会或者第三方共同与用人单位协商，达成和解协议。不愿协商、协商不成或者达成和解协议后不履行的，当事人可以向本单位劳动争议调解委员会申请调解；不愿调解、调解不成或者达成调解协议后不履行的，当事人可以向劳动争议仲裁委员会申请仲裁；对仲裁裁决不服的，除本法另有规定外，当事人可以向人民法院提起诉讼。

为了更好地理解我国劳动争议处理制度，笔者做出以下说明。

首先，劳动争议处理制度中的"协商"和"调解"，并非必经阶段。当事人可以跳过这两个阶段，直接提起劳动仲裁。但不可否认的是，协商制度是解决劳动争议的重要途径，有利于劳动争议的快速解决，避免了"诉累"的负担。

其次，此处的"调解"并非广义上的调解，而是特指由"调解组织"进行的调解。《中华人民共和国劳动法》规定由"本单位劳动争议调解委员会"进行调解，而《中华人民共和国劳动争议调解仲裁法》将其扩大为"企业劳动争议调解委员会、依法设立的基层人民调解组织和在乡镇、街道设立的具有劳动争议调解职能的组织"，并对企业劳动争议调解委员会的产生及组成进行了较为详细的规定。需要注意的是，广义上的调解作为一种程序，在仲裁和诉讼阶段均有可能发生。

最后，仲裁前置作为劳动争议处理制度，是劳动争议处理方式的特色。无论是否经过"协商"或者"调解"，劳动仲裁都是劳动争议处理的必经程序，只有先提起劳动仲裁且对仲裁裁决不服的当事人，才可以向法院起诉。

二、调解

（一）调解定义

此处的调解特指在企业劳动争议调解委员会、依法设立的基层人民调解组织及在乡镇、街道设立的具有劳动争议调解职能的组织等调解机构主持下发生的劳动争议处理程序，它完全不同于在仲裁、诉讼中得到广泛应用的调解。前者是由调解组织在调解阶段主持解决劳动争议的处理，后者是仲裁委员会与法院在仲裁和诉讼中进行调解，无论从主持主体还是从发生阶段来看，都存在很大的区别。

（二）调解协议

1. 不同阶段调解协议的比较

如果调解成功，双方达成一致，那么双方会达成一份调解协议。但是，不同阶段达成的"调解协议"，效力是不同的。

《最高人民法院关于审理劳动争议案件适用法律若干问题的解释（二）》第十七条规定："当事人在劳动争议调解委员会主持下达成的具有劳动权利义务内容的调解协议，具有劳动合同的约束力，可以作为人民法院裁判的根据。"该条文表明，调解阶段达成的"调解协议"具有比较强的法律约束力。

对于在诉讼过程中调解达成的"调解协议"，《最高人民法院关于民事诉讼证据的若干规定》第六十七条规定："在诉讼中，当事人为达成调解协议或者和解的目的做出妥协所涉及的对案件事实的认可，不得在以后的诉讼中作为对其不利的证据。"也就是说，为了促进调解成功、保护调解当事人利益，当事人为了达成调解协议所做出的关于案件事实的认可，不能作为对其不利的证据使用到以后的诉讼过程中。

值得一提的是，2011年1月1日实施的《中华人民共和国人民调解法》第三十三条规定："经人民调解委员会调解达成调解协议后，双方当事人认为有必要的，可以自调解协议生效之日起三十日内共同向人民法院申请司法确认，人民法院应当及时对调解协议进行审查，依法确认调解协议的效力。人民法院依法确认调解协议有效，一方当事人拒绝履行或者未全部履行的，对方当事人可以向人民法院申请强制执行。"这条规定赋予了调解协议更高的执行力。

2. 调解协议与仲裁

《中华人民共和国劳动争议调解仲裁法》第十五条规定："达成调解协议后，一方当事人在协议约定期限内不履行调解协议的，另一方当事人可以依法申请仲裁。"

如前文所述，调解阶段达成的调解协议具有劳动合同的约束力，双方都应当履行调解协议的内容。但是，如果一方在协议约定的时间内不履行调解协议，那么另一方可以申请劳动仲裁。因此，关于调解协议书的内容，虽然法律没有明确规定，但是至少应当包括双方当事人基本情况、纠纷简要事实、争议事项及双方责任、双方当事人的权利和义务，以及履行协议的方式、地点、期限等。尤其是履行期限必不可少，因为如果一方当事人不履行协议书，那么这将直接影响到何时能够采取仲裁的方式来救济权利。

至于当事人究竟对原争议申请劳动仲裁，还是对调解协议申请仲裁，相关法律并没有明确规定。笔者认为，两种仲裁都可以提起，当事人有选择权。除非调解协议存在无效或者可撤销、可变更的法定情形，否则只要双方当事人自愿、一致达成了有效的调解协议，就被视为产生了新的劳动合同权利义务关系，双方必须履行。如果一方不履行调解协议，那么另一方当然可以提起仲裁保护自己的合法权益。

3. 调解协议与支付令

《中华人民共和国劳动争议调解仲裁法》第十六条规定："因支付拖欠劳动报酬、工伤医疗费、经济补偿或者赔偿金事项达成调解协议，用人单位在协议约定期限内不履行的，劳动者可以持调解协议书依法向人民法院申请支付令。人民法院应当依法发出支付令。"

调解协议具有劳动合同的约束力，但是，如果一方当事人尤其是用人单位不履行调解协议，调解协议不具有执行力，那么劳动者还需要申请劳动仲裁，这将对劳动维权不利。因此，为了增强调解的作用，更快地解决纠纷，法律赋予了调解协议书更强的效力：若因支付拖欠劳动报酬、工伤医疗费、经济补偿或者赔偿金事项达成调解协议，用人单位在协议约定期限内不履行的，劳动者可以持调解协议书依法向人民法院申请支付令。这就将支付令制度从民事诉讼法中引入《中华人民共和国劳动争议调解仲裁法》中，为劳动者维权提供了便捷。

不过，需要注意的是，劳动者根据调解协议申请支付令的范围仅限于因支付拖欠劳动报酬、工伤医疗费、经济补偿或者赔偿金事项达成的调解协议。若因其他事项达成的调解协议，劳动者就只能申请劳动仲裁，不能申请支付令。

三、仲裁

（一）仲裁程序

1. 申请与受理

申请人申请仲裁应当提交书面仲裁申请，并按照被申请人人数提交副本。仲裁申请书应当载明下列事项：劳动者的姓名、性别、年龄、职业、工作单位和住所，用人单位的名称、住所和法定代表人或者主要负责人的姓名、职务；仲裁请求和所根据的事实、理由；证据和证据来源、证人姓名和住所。书写仲裁申请确有困难的，可以口头申请，由劳动争议仲裁委员会记入笔录，并告知对方当事人。对于仲裁申请书不规范或者材料不齐备的，仲裁委员会应当当场或者在五日内一次性告知申请人需要补正的全部材料。仲裁委员会收取当事人提交的材料应当出具收件回执。

仲裁委员会对符合下列条件的仲裁申请应当予以受理，并在收到仲裁申请之日起五日内向申请人出具受理通知书：①属于《劳动人事争议仲裁办案规则》第二条规定的争议范围；②有明确的仲裁请求和事实理由；③申请人是与本案有直接利害关系的自然人、法人或者其他组织，有明确的被申请人；④属于本仲裁委员会管辖范围。对不符合上述第①②③项规定之一的仲裁申请，仲裁委员会不予受理，并在收到仲裁申请之日起五日内向申请人出具不予受理通知书；对不符合第④项规定的仲裁申请，仲裁委员会应当在收到仲裁申请之日起五日内，向申请人做出书面说明并告知申请人向有管辖权的仲裁委员会申请仲裁。对劳动争议仲裁委员会不予受理或者逾期未做出决定的，申请人可以就该劳动争议事项向人民法院提起诉讼。

劳动争议仲裁委员会在受理仲裁申请后，应当在五日内将仲裁申请书副本送达被申请人。被申请人在收到仲裁申请书副本后，应当在十日内向劳动争议仲裁委员会提交答辩书。劳动争议仲裁委员会在收到答辩书后，应当在五日内将答辩书副本送达申请人。被申请人未提交答辩书的，不影响仲裁程序的进行。

2. 开庭

劳动争议仲裁委员会裁决劳动争议案件实行仲裁庭制。仲裁庭由三名仲裁员组成，设首席仲裁员。简单劳动争议案件可以由一名仲裁员独任仲裁。

仲裁员有下列情形之一的，应当回避，当事人也有权以口头或者书面方式提出回避申请：①是本案当事人或者当事人、代理人的近亲属的；②与本案有利害关系的；③与本案当事人、代理人有其他关系，可能影响公正裁决的；④私自会见当事人、代理人，或者接受当事人、代理人请客送礼的。劳动争议仲裁委员会对回避申请应当及时做出决定，并以口头或者书面方式通知当事人。

仲裁庭应当在开庭五日前，将开庭日期、地点书面通知双方当事人。当事人有正当理由的，可以在开庭三日前请求延期开庭。是否延期，由劳动争议仲裁委员会决定。申请人在收到书面通知后，无正当理由拒不到庭或者未经仲裁庭同意中途退庭的，可以视为撤回仲裁申请。被申请人在收到书面通知后，无正当理由拒不到庭或者未经仲裁庭同意中途退庭的，可以缺席裁决。

3. 裁决

仲裁庭在做出裁决前，应当先行调解。调解达成协议的，仲裁庭应当制作调解书。调解书应当写明仲裁请求和当事人协议的结果。调解书由仲裁员签名，加盖劳动争议仲裁委员会印章，送达双方当事人。调解书经双方当事人签收后，发生法律效力。调解不成或者调解书送达前一方当事人反悔的，仲裁庭应当及时做出裁决。

仲裁庭裁决劳动争议案件，应当自劳动争议仲裁委员会受理仲裁申请之日起四十五日内结束。案情复杂需要延期的，经劳动争议仲裁委员会主任批准，可以延期并书面通知当事人，但是延长期限不得超过十五日。逾期未做出仲裁裁决的，当事人可以就该劳动争议事项向人民法院提起诉讼。

4. 仲裁裁决的效力

当事人收到仲裁裁决书十五日以内，对仲裁裁决不服的，可以提起诉讼，此时，仲裁裁决自动失效。但是，在一些特殊情形下，仲裁裁决的效力要区分不同情形。《最高人民法院关于人民法院对经劳动争议仲裁裁决的纠纷准予撤诉或驳回起诉后劳动争议仲裁裁决从何时起生效的解释》对此做了规定：

第一，当事人不服劳动争议仲裁裁决向人民法院起诉后又申请撤诉，经人民法院审查准予撤诉的，原仲裁裁决自人民法院裁定送达当事人之日起发生法律效力。

第二，当事人因超过起诉期间而被人民法院裁定驳回起诉的，原仲裁裁决自起诉期间届满之次日起恢复法律效力。

第三，因仲裁裁决确定的主体资格错误或仲裁裁决事项不属于劳动争议，被人民法院驳回起诉的，原仲裁裁决不发生法律效力。

（二）关于一裁终局问题

在《中华人民共和国劳动争议调解仲裁法》实施之前，劳动仲裁并没有一裁终局制度，当事人对劳动争议仲裁委员会的裁决不服，在收到裁决书十五日内可向法院起诉。

《中华人民共和国劳动争议调解仲裁法》引入了终局裁决制度，实现了制度上的重大突破。该法第四十七条规定，追索劳动报酬、工伤医疗费、经济补偿或者赔偿金，不超过当地月最低工资标准十二个月金额的争议，以及因执行国家的劳动标准在工作时间、休息休假、社会保险等方面发生的争议，除该法另有规定外，仲裁裁决为终局裁决，裁决书自做出之日起发生法律效力。同时，该法第四十八条和第四十九条分别对一裁终局情形下劳动者的诉权和用人单位申请撤销裁决的权利做出了相关规定。

但是，这些规定实际上还有很多问题并没有做出回答。例如，该法第四十七条第（一）项所规定的争议标的金额是指请求的金额还是裁决的金额，如果有多项请求，是以合计总金额还是以各项的金额计算？如果在劳动仲裁阶段既存在着非终局的裁决又存在终局的裁决，那么该如何做出裁决？此外，用人单位申请撤销仲裁裁决的诸多问题仍有待解答。2010年9月14日开始实施的《最高人民法院关于审理劳动争议案件适用法律若干问题的解释（三）》，对上述问题做出了规定。

（1）对于《中华人民共和国劳动争议调解仲裁法》第四十七条第（一）项中规定的所适用的情形，如果包含多项仲裁请求，应按照每一项的数额还是各项数额之和来确定，应按照当事人请求的数额还是仲裁确定数额来判断？

《中华人民共和国劳动争议调解仲裁法》第四十七条第（一）项规定只考虑一项请求的情况，没有考虑多项请求的情况，且没有考虑是以请求时的金额还是裁决时的金额来确定。《最高人民法院关于审理劳动争议案件适用法律若干问题的解释（三）》第十三条规定："劳动者依据调解仲裁法第四十七条第（一）项规定，追索劳动报酬、工伤医疗费、经济补偿或者赔偿金，如果仲裁裁决涉及数项，每项确定的数额均不超过当地月最低工资标准十二个月金额的，应当按照终局裁决处理。"因此，该解释明确了以每一项的数额来确定是否超过最低工资标准十二个月金额，并且是仲裁裁决确定的数额，而非当事人请求的数额。

（2）劳动仲裁中既有非终局的裁决内容，又有终局的裁决内容，应分别裁决还是一并裁决？

《中华人民共和国劳动争议调解仲裁法》对在仲裁裁决中同时存在非终局裁决和终局裁决应如何处理的问题，并没有明确的规定。对于这个问题，《最高人民法院关于审理劳动争议案件适用法律若干问题的解释（三）》第十四条规定："劳动人事争议仲裁委员会做出的同一仲裁裁决同时包含终局裁决事项和非终局裁决事项，当事人不服该仲裁裁决向人民法院提起诉讼的，应当按照非终局裁决处理。"最高人民法院原民事审判第一庭庭长杜万华在就《最高人民法院关于审理劳动争议案件适用法律若干问题的解释（三）》答记者问时进一步明确："为统一全国法院裁决尺度和认定标准，本着简便实用、易于操作和保护劳动者合法权益的处理原则，本司法解释规定，对于在同一仲裁中劳动者请求既有终局事项又有非终局事项的，应统一按照非一裁终局的原则处理，不能按终局事项和非终局事项分别处理。当事人（不论是劳动者还是用人单位）如不服本裁决，均可自收到裁决书之日起十五日内向人民法院起诉。"

（3）劳动人事争议仲裁委员会做出终局裁决，劳动者不服向基层人民法院提出起诉，而用人单位也按照规定向中级人民法院提出撤销裁决的申请，如何处理？

《最高人民法院关于审理劳动争议案件适用法律若干问题的解释（三）》第十五条规定："劳动者依据调解仲裁法第四十八条规定向基层人民法院提起诉讼，用人单位依据调解仲裁法第四十九条规定向劳动人事争议仲裁委员会所在地的中级人民法院申请撤销仲裁裁决的，中级人民法院应不予受理；已经受理的，应当裁定驳回申请。被人民法院驳回起诉或者劳动者撤诉的，用人单位可以自收到裁定书之日起三十日内，向劳动人事争议仲裁委员会所在地的中级人民法院申请撤销仲裁裁决。"该司法解释表明，基层人民法院的受理是优先于中级人民法院的撤销裁决的受理，中级人民法院应裁定驳回用人单位的申请。如果劳动者在向法院提出起诉后，被法院驳回起诉或是劳动者撤诉，那么原仲裁裁决其实还是有效的，所以用人单位可重新向中级人民法院申请撤销裁决。

（4）劳动人事争议仲裁委员会做出终局裁决，劳动者向基层人民法院申请执行，而用人单位向劳动人事争议仲裁委员会所在地的中级人民法院申请撤销的，如何处理？

《最高人民法院关于审理劳动争议案件适用法律若干问题的解释（三）》第十八条规定："劳动人事争议仲裁委员会做出终局裁决，劳动者向人民法院申请执行，用人单位向劳动人事争议仲裁委员会所在地的中级人民法院申请撤销的，人民法院应当裁定中止执行。"

在裁定中止执行之后，人民法院要区分不同的情况进行处理：用人单位撤销终局裁决申请或者其申请被驳回的，人民法院应当裁定恢复执行；仲裁裁决被撤销的，人民法院应当裁定终结执行。

2017年颁布实施的《劳动人事争议仲裁办案规则》第五十条规定："仲裁庭裁决案件时，申请人根据调解仲裁法第四十七条第（一）项规定，追索劳动报酬、工伤医疗费、经济补偿或者赔偿金，如果仲裁裁决涉及数项，对单项裁决数额不超过当地月最低工资标准十二个月金额的事项，应当适用终局裁决。前款经济补偿包括《中华人民共和国劳动合同法》规定的竞业限制期限内给予的经济补偿、解除或者终止劳动合同的经济补偿等；

赔偿金包括劳动合同法规定的未签订书面劳动合同的二倍工资、违法约定试用期的赔偿金、违法解除或者终止劳动合同的赔偿金等。"

根据规定，在裁决案件时，裁决内容同时涉及终局裁决和非终局裁决的，仲裁庭应当分别制作裁决书，并告知当事人相应的救济权利。据此，部分地方颁布了实施细则，对此款内容进行了细化。目前的司法实践中经常会出现一个仲裁案件有两个裁决书的情况。

四、诉讼

劳动争议在经过仲裁之后，还要经过诉讼程序，即所谓的"一裁两审"。劳动争议案件的诉讼程序与民事诉讼法中的规定有很多相同之处，但基于劳动争议的特殊性，劳动争议的诉讼程序也呈现出一些自己的特点。

（一）诉讼请求的增加

对于当事人不服仲裁而提起的诉讼，当事人不能增加未经仲裁的请求一并提起诉讼。如果允许增加，那么这样虽然有利于纠纷的全部解决、提高效率，但是明显有违仲裁前置规则。《最高人民法院关于审理劳动争议案件适用法律若干问题的解释》第六条规定："人民法院受理劳动争议案件后，当事人增加诉讼请求的，如该诉讼请求与讼争的劳动争议具有不可分性，应当合并审理；如属独立的劳动争议，应当告知当事人向劳动争议仲裁委员会申请仲裁。"因此，与普通民事诉讼相比，在劳动争议诉讼中增加诉讼请求受到了限制。

（二）当事人的追加

受仲裁前置规则之制约，只有参加仲裁程序的当事人才能参加诉讼，因此仲裁程序就决定了诉讼程序的当事人在劳动争议诉讼中追加当事人受到了限制。但在下列情形之下，当事人本身就是或者后来成为劳动争议法律关系的主体，则应做例外规定：其一，当事人在仲裁后分立；其二，当事人承包或租赁经营，仅有承包或租赁合同一方当事人参加仲裁，另一方可被追加为诉讼当事人；其三，当事人根据相关侵权法的规定追加侵权法主体与劳动法主体负连带责任。

（三）举证责任制度

在当事人举证方面，"谁主张，谁举证"是我国民事诉讼法的一般原则。但在许多劳动争议案件中，用人单位处于强势地位，可以强迫劳动者接受不平等行为，或保管着许多劳动争议案件的重要证据而拒不交出，所以经常出现劳动者无法举证而败诉的情形。因此，根据《最高人民法院关于审理劳动争议案件适用法律若干问题的解释》和《最高人民法院关于民事诉讼证据的若干规定》的相关规定，在劳动争议案件中，用人单位做出开除、除名、辞退、解除劳动合同、减少劳动报酬、计算劳动者工作年限等决定而发生劳动争议的，由用人单位负举证责任。

第四节　劳动争议基本问题

一、法律适用

《中华人民共和国劳动合同法实施条例》第十四条规定，劳动合同履行地与用人单位注册地不一致的，有关劳动者的最低工资标准、劳动保护、劳动条件、职业危害防护和本地区上年度职工月平均工资标准等事项，按照劳动合同履行地的有关规定执行；用人单位注册地的有关标准高于劳动合同履行地的有关标准，且用人单位与劳动者约定按照用人单位注册地的有关规定执行的，从其约定。

用人单位随着规模的扩大和经营策略的调整，经常要在注册地以外的城市开展业务，或者派出总部的劳动者至外地工作，或者直接在外地招用劳动者，就会导致劳动者的劳动合同履行地与用人单位的注册地不一致的情形。在此种情形下，劳动者适用的劳动标准应当以劳动合同履行地还是用人单位注册地为准，劳动合同法没有做出明确的规定。

鉴于劳动者在劳动合同履行地提供劳动，劳动合同履行地的自然条件、工作环境、经济发展水平等与劳动者提供劳动过程紧密相关。因此，在一般情况下，劳动关系与劳动合同履行地联系更为密切。当劳动合同履行地与用人单位注册地不一致时，首要选择是按照劳动合同履行地的有关规定执行。

与此同时，《中华人民共和国劳动合同法实施条例》还规定了另一种情形：用人单位与劳动者约定按照用人单位注册地的有关规定执行，并且用人单位注册地的有关标准高于劳动合同履行地的有关标准的，从其约定。因此，在劳动标准法定的同时，并不排除用人单位与劳动者的约定，但此约定还要符合劳动法的精神——"对劳动者有利的原则"，也就是用人单位注册地的有关标准高于劳动合同履行地的有关标准，此时的约定才会适用。

除此之外，我们在此特别探讨一个问题：《中华人民共和国劳动合同法实施条例》明确指出的五项标准是最低工资标准、劳动保护、劳动条件、职业危害防护和本地区上年度职工月平均标准。那么，五项标准之外的劳动标准能否据此按照劳动合同履行地执行呢？根据一般的理解，"等"既可能是列举未尽，也可能是列举后煞尾，中国汉字的博大精深也为我们的理解平添了些许难度。

对此问题，笔者倾向于只涉及最低工资等五项标准。首先，从字面意思来看，"等"字后面并没有使用"所有劳动标准"之类的语句，只是简单地使用了"事项"；并且后面比较的对象是"用人单位注册地的有关标准"和"劳动合同履行地的有关标准"，"有关"两字意指五项标准不言自明，而非所有劳动标准。其次，从法律层面来看，条文明确列举出来的只有最低工资五项标准，至于其他劳动标准是否适用此条，我们不宜对其做延伸、扩大解释，除非有其他法律法规对此做了补充或解释。最后，从立法本意来讲，这五项标准是与劳动者利益密切相关的，是区域化差距的重要表现方面，条文明确列举的这五项标准已经做到了对劳动者利益的基本保障。同时，结合上海市劳动人事政策咨询部门的口径，我们倾向于认为，明确适用"劳动合同履行地"的只有五项标准。

二、时效

法谚有云，法律不保护沉睡的权利。时效制度作为一项重要的法律制度，设立的目的就在于督促当事人及时行使权利，维护社会秩序的稳定与和谐。

《中华人民共和国劳动争议调解仲裁法》第二十七条规定，劳动争议申请仲裁的时效期间为一年，仲裁时效期间从当事人知道或者应当知道其权利被侵害之日起计算。

（一）仲裁时效的起算点

在立法层面，我国关于劳动争议仲裁时效起算点的法律渊源经历了四个发展阶段。第一，1987年8月15日起施行的《国营企业劳动争议处理暂行规定》第十六条第二款规定："属于本规定第二条第一项的劳动争议，当事人应当从争议发生之日起六十日内，或者从调解不成之日起三十日内，向仲裁委员会提出。"第二，1993年8月1日起施行的《中华人民共和国企业劳动争议处理条例》第二十三条第一款规定："当事人应当从知道或者应当知道其权利被侵害之日起六个月内，以书面形式向仲裁委员会申请仲裁。"第三，1995年1月起施行的《中华人民共和国劳动法》第八十二条规定："提出仲裁要求的一方应当自劳动争议发生之日起六十日内向劳动争议仲裁委员会提出书面申请……"第四，

2008年5月1日起施行的《中华人民共和国劳动争议调解仲裁法》第二十七条第一款规定："劳动争议申请仲裁的时效期间为一年。仲裁时效期间从当事人知道或者应当知道其权利被侵害之日起计算。"

（二）仲裁时效的中止、中断

关于仲裁时效的中止、中断，我国的立法也经历了从有到无、不断变化的过程。《中华人民共和国劳动法》中没有相关的规定。《最高人民法院关于审理劳动争议案件适用法律若干问题的解释》第三条规定："对确已超过仲裁申请期限，又无不可抗力或者其他正当理由的，依法驳回其诉讼请求。"但究竟什么才是"其他正当理由"的情形，并没有定论，各地对此概念的把握是不一致的，从而导致了很大程度的混乱。《最高人民法院关于审理劳动争议案件适用法律若干问题的解释（二）》第十二条、第十三条分别规定了劳动争议仲裁中止和中断的情形，明确了中止的原因是不可抗力或者其他客观原因，列举了劳动仲裁中断的三种情形，即向对方当事人主张权利、向有关部门请求权利救济和对方当事人同意履行义务。

既然"向有关部门请求权利救济"是劳动仲裁中断的情形，那么信访是否属于此类情形呢？对此，2007年发布的《上海市高等人民法院关于审理劳动争议案件若干问题的意见》第四条对"申请仲裁期间中断情形是否包括当事人向人大、政府等部门信访、上访"问题做出了说明。该意见认为，《最高人民法院关于审理劳动争议案件适用法律若干问题的解释（二）》从有利于保护劳动者合法权益和建立和谐劳动关系的角度出发，确定了申请仲裁期间的中断制度，并规定劳动者向有关部门请求权利救济的申请仲裁期间中断。从目前社会现实考虑，只要劳动者能举证证明在申请仲裁期间内曾向法院、劳动行政部门、工会等请求权利救济的，即应认定申请仲裁期间中断。但是，从现有法律对时效制度的规定来看，对时效中断的把握也不能放得过宽，劳动者仅以信访、上访等方式向其他部门投诉的，不应被认定为时效中断。

（三）仲裁时效的种类

《中华人民共和国劳动争议调解仲裁法》第二十七条规定："劳动争议申请仲裁的时效期间为一年。仲裁时效期间从当事人知道或者应当知道其权利被侵害之日起计算。劳动关系存续期间因拖欠劳动报酬发生争议的，劳动者申请仲裁不受本条第一款规定的仲裁时效期间的限制；但是，劳动关系终止的，应当自劳动关系终止之日起一年内提出。"

因此，我国的劳动争议仲裁时效为一年，但依据不同类型的案件，仲裁时效从不同的时间起算：一般从当事人知道或者应当知道权利被侵害之日起计算；对于劳动关系存续期间因拖欠劳动报酬发生争议的，不受此限制，但是劳动关系解除或终止的，自解除或终止之日起算。这极有利地保护了劳动者的合法权益，尤其对于长时间被拖欠工资却出于保住工作的想法而敢怒不敢言的劳动者来说，起到了很强的法律保护作用。

三、管辖

《中华人民共和国劳动争议调解仲裁法》第二十一条规定："劳动争议仲裁委员会负责管辖本区域内发生的劳动争议。劳动争议由劳动合同履行地或者用人单位所在地的劳动争议仲裁委员会管辖。双方当事人分别向劳动合同履行地和用人单位所在地的劳动争议仲裁委员会申请仲裁的，由劳动合同履行地的劳动争议仲裁委员会管辖。"

《最高人民法院关于审理劳动争议案件适用法律若干问题的解释》第八条规定："劳动争议案件由用人单位所在地或合同履行地的基层人民法院管辖。劳动合同履行地不明确的，由用人单位所在地的基层人民法院管辖。"同时，该司法解释第九条规定，当事人双方就同一仲裁裁决分别向有管辖权的人民法院起诉的，后受理的人民法院应当将案件移送给先受理的人民法院。

在实践中，很多人错误地认为："当事人对劳动仲裁委员会所做出的仲裁不服，依法向人民法院起诉的，应当以该劳动仲裁委员会为被告，所以劳动争议仲裁应由该劳动仲裁委员会所在地的人民法院受理。"其实，这种观点是不妥的。因为劳动争议的当事人为用人单位和劳动者，而不是劳动仲裁委员会，所以不能以劳动仲裁委员会所在地作为确定人民法院地域管辖的依据。

通过以上分析我们可知，无论是仲裁还是诉讼，管辖地基本上都是劳动合同履行地或者用人单位所在地。因为在仲裁和审判实践中，有的用人单位与履行劳动合同地不在同一地方，若仅以用人单位所在地为管辖地，那么这对当事人诉讼是极不方便的。

因此，为了便于当事人诉讼和案件事实的查证，规定由劳动合同履行地的劳动争议仲裁委员会或者基层人民法院管辖，这也符合《中华人民共和国民事诉讼法》第二十三条"因合同纠纷提起的诉讼，由被告住所地或者合同履行地人民法院管辖"的规定。

（一）案情简介

莫小姐是北京人，供职于上海医药公司北京分公司。2009年年初，这家上海医药公司进行裁员，解除与莫小姐的劳动合同。因为双方对经济补偿金、年休假工资补偿等问题不能达成一致意见，莫小姐向北京市劳动争议仲裁委员会申请仲裁，提出公司支付经济补偿金等仲裁请求。经过仲裁开庭审理，北京市劳动争议仲裁委员会支持了她的诉请。

根据《中华人民共和国劳动争议调解仲裁法》的规定，申请劳动仲裁的双方当事人对裁决不服，可以从收到裁决书之日起十五日内，向劳动合同履行地或用人单位所在地基层法院起诉。由于这家医药公司在上海，而莫小姐合同履行地在北京，因此两地的基层法院均有管辖权。

在北京的仲裁中，莫小姐的大部分仲裁请求得到了支持，而用人单位极有可能不服仲裁裁决并会向上海的基层法院提起诉讼。如此一来，莫小姐就要去上海应诉，并要往返于北京与上海之间，这将极大地增加她的诉讼成本。

果然，该医药公司不服仲裁裁决，在上海提起诉讼。但由于莫小姐听取了律师的建议，抢先在北京起诉，所以上海法院后来将案件移送至北京法院。莫小姐在北京打赢了与该医药公司的官司。

（二）律师点评

　　随着集团型企业经营规模的扩大，公司跨区域发展的趋势越来越普遍，总公司、分公司、母公司、子公司、办事处、代表处……企业间错综复杂的关联关系，给人力资源工作带来了巨大的挑战，也给劳动者维权带来了更大的难度。

　　《最高人民法院关于审理劳动争议案件适用法律若干问题的解释》第九条规定："当事人双方就同一仲裁裁决分别向有管辖权的人民法院起诉的，后受理的人民法院应当将案件移送给先受理的人民法院。"

第五节　律师建议

一、集团型企业诉讼技巧

　　其实，集团型企业在劳动仲裁结束之后向法院起诉的时间上是不占优势的。如前文所述，由于劳动仲裁地在劳动合同履行地，劳动者收到裁决书的时间肯定要比远在外地的用人单位要早，所以若双方都对裁决不服提起诉讼的话，劳动者在时间上要更占优势，可以更早地提起诉讼。虽然劳动者和集团型企业都可向有管辖权的法院提起诉讼，但是按照法律规定，案件由先受理的法院进行审理，后受理的人民法院应当将案件移送给先受理的人民法院。所以，先收到仲裁裁决书的劳动者在时间上占据了优势，更有可能影响案件的受理法院是谁。

因此，在劳动者和用人单位都对仲裁裁决不服的情况下，双方极有可能都会提起诉讼，此时用人单位是非常被动的。集团型企业要想获得其诉讼的主动权，把劳动争议案件的法院管辖地拉回到用人单位所在地，就必须在仲裁上花心思。一个迫不得已的办法是，采用一定的诉讼技巧，输掉劳动仲裁，使得劳动仲裁委员会支持劳动者的全部仲裁请求。因此，劳动者对于仲裁裁决结果肯定是非常满意的，一般不会再去提起诉讼。此时，集团型企业就可以到用人单位所在地提起诉讼，最先获得法院的受理，即使劳动者再去提起诉讼，也为时已晚了。

二、劳动者维权对策

在企业异地用工管理中，类似莫小姐的情形还是比较多见的。虽然劳动者赢得了仲裁，但由于用人单位在外地，劳动者的维权成本可能会大增。其实，劳动者可以充分而巧妙地运用有关法律来应对。

在上述案例中，虽然劳动者胜诉，但还是应该抢先在北京起诉——于收到裁决书的次日就在劳动合同履行地（北京）的基层法院起诉，将起诉权保留在北京。用人单位总部在外地，收到裁决书后若在上海起诉，肯定比劳动者在北京起诉晚。这样即使上海法院受理了，也必须将案件移送北京。

值得一提的是，如果过了法定的起诉期限，用人单位还没有在外地起诉，劳动者就可以向本地法院撤诉了。这样，之前的仲裁裁决就可即时生效，劳动者就可以凭此生效裁决向本地基层法院申请执行了。

　　另外，特别提醒，部分地区的法院在立案时必须进入诉前调解，因此当事人立案拿到的是诉前调解案号，而非正式案号，在"争抢"管辖法院的过程中，可能面临不被认可的情况。

第十四章

集团型企业海外用工常见问题

第一节 "一带一路"框架下中国企业海外用工
基本现状

随着"一带一路"的开展，中国企业"走出去"的步伐也越发稳健。2019年上半年，中国企业在"一带一路"沿线对51个国家非金融类直接投资达68亿美元，主要投向新加坡、越南、老挝、阿联酋、巴基斯坦、马来西亚、印度尼西亚、泰国和柬埔寨等国家。在海外投资中，中资企业积极参与对外承包工程，成绩喜人。2019年上半年，我国企业在"一带一路"沿线国家新签对外承包工程项目合同3 302份，新签合同额636.4亿美元，占同期我国对外承包工程新签合同额的60.1%，同比增长33.2%；完成营业额385.9亿美元，占同期总额的54.9%。[①]

[①] 数据来源：http://www.mofcom.gov.cn/article/tongjiziliao/dgzz/201907/20190702884585.shtml。

　　在海外工程项目成功承接的同时，对外承包工程的外派人员和对外劳务合作的外派人员持续保持较大规模。以对外劳务为例，2019年1～6月，我国对外劳务合作派出各类劳务人员23.5万人，较上年同期增加1.7万人；其中承包工程项下派出12万人，劳务合作项下派出11.5万人。2019年6月末，在外各类劳务人员98万人。[1]除对外工程承包和对外劳务合作外，众多顶尖的中资互联网企业、通信企业、软件企业、制造业企业、金融企业等也积极走出去，以投资外派的模式将自有员工派至海外。

　　然而，随着目前中美贸易摩擦、英国退欧等复杂多变的世界形势，风险与机遇是并存的。外国企业全球化的教训表明，在企业投资与经营的各项风险中，劳动用工的风险总量占五成以上。跨国企业全球合规治理已成为众多全球性企业管理的重中之重。从中兴事件开始，中资企业在快速发展的过程中也不得不重新审视企业管理中合规的重要性，其中劳动用工合规作为人的核心管理要素，是企业合规的重要方面。近年来，商务部公布的走出去企业不良记录以及其他公开报道也显示，在企业走出去的过程中，因劳动用工引发的争议比比皆是。更值得注意的是，在大量的企业海外投资失败案例中，即便失败的直接原因不是基于劳动用工，深层原因仍在于公司治理层面对业务经营的全流程风险管控不足。而对风险的前期管控不足，不仅会造成企业的国际形象受损，更会造成大量国有资产的损失。对此，集团型企业在"一带一路"的框架下需以行稳致远为目标，以合规治理为己任，

---

[1]　数据来源：http://www.mofcom.gov.cn/article/tongjiziliao/dgzz/201907/20190702884584.shtml。

"管住人，才能管住事"。

第二节　集团型企业海外用工合规体系建设与风险控制

2018年7月1日，中国国家标准化管理委员会发布《合规管理体系指南》；11月，国资委发布《中央企业合规管理指引（试行）》；12月29日，国家发改委、外交部等七个部门又联合发布《企业境外经营合作管理指引》。"合规"不仅成为2018年度热词，更为2019年中国企业经营方向奠定了基础。在系列文件的规范下，中国企业不断加强合规管理，提升依法合规经营管理水平，在"一带一路"建设的过程中遵守东道国法律法规、国际条约、企业合规条例等要求，努力实现企业境外经营的可持续发展。

《企业境外经营合作管理指引》向开展对外贸易、境外投资、对外承包工程等相关"走出去"业务的中国境内企业及境外子公司、分公司、代表机构等境外分支机构，全面提出八章共三十条指引意见，内容包括总则、合规管理要求、合规管理架构、合规管理制度、合规管理运行机制、合规风险识别评估与处置、合规评审与改进、合规文化建设。

在企业境外经营合规方面，劳动用工合规是至关重要的一个环节。"走出去"企业必须遵守国际条约、东道国劳动用工及出入境管理等多方面的法律法规，必须遵守我国针对跨境用工劳务派遣出台的系列法律法规，同时需要制定相适应的内部合规制度，在境外的可持续发展、社会责任履行等方面设立更高的标准。

《企业境外经营合作管理指引》明确要求，劳动用工合规是境外投资、对外承包工程、境外日常经营的重要合规要求。实际上，从企业计划"走出去"、实行项目考察，到在东道国开展业务、开设分支机构，乃至在东道国实现属地化用工，劳动用工合规始终贯穿全流程的各个方面且事无巨细，对于企业管理部门要求非常高。鉴于此，《企业境外经营合作管理指引》第三章明确规定了推进合规制度建设的负责部门——由合规委员会、合规负责人、合规管理部门在决策、管理和执行的三个层面落实合规管理责任。

合规理念贯穿人力资源的方方面面，上至企业决策管理层，下至基层一线员工的工作环节都与合规息息相关。决策者应把合规作为企业经营原则，实现合规管理，制定合规体系；企业"走出去"业务部门及境外分支机构必须严格调研东道国法律法规，了解法律红线；业务部门在工作中需要主动与合规部门进行汇报沟通，配合合规部门的监督与培训工作；人事部门需要结合企业情况，设计企业规章制度和各项流程的合规性，并大力开展合规培训，向员工提供合规咨询，同时定期开展合规测试和评估工作，保障合规落到实处。

为了保障合规制度的落实，企业需要建立与其"走出去"情况相适应的合规行为准则、合规管理办法、合规操作流程，保障境外派遣员工遵守各项规定，同时针对东道国员工也应当明确企业的核心价值观以及合规准则。根据不同国别和地区，劳动用工的合规管理办法应当具有因地制宜的特点，在利益冲突、反歧视等各方面需结合东道国法律特点及行业监管规定。本章第三节和

第四节将具体说明集团型企业在跨境和属地化用工中不同的用工
风险。

第三节　集团型企业跨境用工风险防控机制建设

中国企业在国际舞台展露实力积极改变全球业务环境的同
时，对各类国际化高端人才的需求越来越多，业务国际化对企业
招聘国际化人才的要求也随之增高。集团型企业通常在跨境用工
的过程中会面临许多风险，诸如跨境用工管理中的法律适用问
题、外籍员工准入的问题、社保与工伤的问题等。

一、跨境用工管理中的法律适用问题

在跨境用工中，未梳理清晰员工的劳动关系，容易导致劳动
法律适用不明。集团型企业在管控跨境用工时，必须厘清外派员
工和属地化员工的劳动关系所在地和适用法律。2011年实施的
《中华人民共和国涉外民事关系法律适用法》规定："劳动合同，
适用劳动者工作地法律；难以确定劳动者工作地的，适用用人
单位主营业地法律。劳务派遣，可以适用劳务派出地法律。"同
时，《最高人民法院关于适用〈中华人民共和国涉外民事关系法
律适用法〉若干问题的解释（一）》规定，"涉及劳动者权益保护
的"情形适用于"涉及中华人民共和国社会公共利益、当事人不
能通过约定排除适用、无须通过冲突规范指引而直接适用于涉外
民事关系的法律、行政法规的规定，人民法院应当认定为涉外民

事关系法律适用法第四条规定的强制性规定"。对于境外接收公司和派遣员工之间的协议，适用哪国法律，是个重要的国际私法问题。《中华人民共和国涉外民事关系法律适用法》第四十一条规定："当事人可以协议选择合同适用的法律。当事人没有选择，适用履行义务最能体现合同特征的一方当事人经常居住地法律或者其他与合同最密切联系的法律。"

二、跨境用工管理中的外籍员工准入问题

　　跨国招聘及全球派遣是"走出去"进程前期的重要模式。大多数"走出去"的中国企业目前都在国内组织招聘熟悉东道国小语种或专业能力较强的人，对他们进行一段时间的学习培训后再将他们外派到东道国。也存在跨国招聘的情形，如在菲律宾招聘员工并将他们派到越南工作。在这种情形下，许多公司会面临双重或多重劳动关系、劳动合同未合理签订的劳动风险。企业应高度重视员工劳动关系认定、劳动合同签订或派遣协议签订以及企业内部派遣政策是否完善。依据对外投资外派的模式，对外投资企业可向其境外企业派出已经与其签订劳动合同的自有员工，并为外派员工办理符合派驻地法律规定的工作手续。员工被派出后，其主要劳动关系发生在东道国，员工向东道国的分支机构相关管理层汇报工作，在公司于当地发放薪资、缴纳个税社保的情况下，员工与企业存在双重劳动关系。而不少企业在这种模式下采取建立单边劳动关系，如仅保留国内劳动关系——将员工长期外派到东道国后，在东道国未签订劳动合同，未办理合规的工作

签证，未按照东道国规定发放薪资及缴纳个税社保等，构成了在东道国非法用工。在现实中，企业的多种操作模式都存在风险，因此企业在操作跨境用工时，一方面必须严格遵守东道国劳动法和出入境管理法，以东道国合格的法人实体资质与员工签订劳动合同并办理工作签证、发放薪资与缴纳社保。另一方面，为了保证国内总部管理需求，企业应当在充分评估相关劳动风险后审核其国内劳动合同，以及起草全面的集团型企业海外（全球）派遣政策或派遣协议、员工手册等规章制度，合理调整关系并约定各方的责任和义务。

签证是不少中国企业无法避免的雷区，许多中国企业为加快业务进展，要求员工持有旅游签证或商务签证在东道国长时间工作，这不仅会导致企业在东道国被罚款，还将导致员工被驱逐出境、企业外籍员工配额及比例相应减少的风险。避免签证风险最有效的方法是，企业对东道国签证政策的深入了解、灵活应用以及提前准备，其中对签证政策的深入了解是核心。

首先，企业必须了解东道国的整体签证制度。中国企业可能会涉及哪些签证类型？以马来西亚为例，马来西亚未向中国开放外劳市场，所以在建筑业、种植业、农业、服务业、制造业方面并未向中国技术工人开放劳工签证。对于中国企业承建的部分大型项目，马来西亚允许承包商以个案审批的方式从中国引进紧缺的技术工人和工程师，但必须与雇主事先签订好用工合同，约定工资及工作时间。其他类型的员工前往马来西亚工作，则需要办理工作签证、技术签证。企业需要了解工作签证的分类、期限、最低工资限额以及到期是否可以延期。其次，企业必须了解东道国签证的办理流程。以马来西亚为例，公司只有在完成基本注册后获得相关政府部门及移民局外籍专业雇员服务处签发的外籍专业雇员职位批准，才能向移民局提交签证办理相关申请材料。企业必须了解完成相应流程的时间，并结合在东道国的业务进度，提前规划并开展。通常而言，在真正外派员工到某国或某地工作时，企业需要提前半年至一年时间规划并办理签证事宜。

企业需要随时关注签证制度的更新。各投资热门国目前的整体趋势是鼓励外资企业的投资，并对中高端人才予以开放，同时对非法用工加大管理和处罚力度。中国香港的科技人才入境计划，允许科技类公司以申请配额的方式输入海外及内地的科技人才，每个公司最多可获得100个配额。日本出台《出入境管理及难民认定法》修正案，计划从2019年开始的五年内最多接纳34万名外籍员工，同时收紧外籍员工的公共保险管理政策。日本法务省将与厚生劳动省共享信息，对于不缴纳社会保险的外国人，将取消居留资格或不予更新在留签证。而韩国将对非法聘用外国人的行为加大打击和处罚力度，2018年10月至2019年3月，韩国实施了非法滞留外国人的主动离境制度。因此，签证是中国企业在东道国必须高度重视的问题，深入了解并提前筹划是避免风险的重要基础。

三、跨境用工管理中的社保和工伤问题

在"一带一路"的背景下，在中国企业"走出去"的同时，如何妥善解决劳动者在跨国流动中的社会保险费问题，是企业和

劳动者都绕不开的话题，而社保与被派遣员工的劳动关系认定紧密相关。以北京市第一中级人民法院2016年受理的跨境用工劳动争议案件为例，员工在被境内企业外派至境外公司工作时，与境内企业的劳动关系有可能依然存续。对于"走出去"的企业来讲，厘清与外派员工之间的劳动关系，是明确双方权利义务的重要前提。在国内劳动关系依然存续的情况下，外派员工所在的东道国法律对其有缴纳社保要求的，企业和员工依法需缴纳国内及境外的双重社保。若员工在国内并无存续的劳动关系，则其在国内的社保缴纳出现断层，那么这将对员工此后的生活、社会保险福利待遇享受等造成不利影响。

为了进一步规划外派员工的社保缴纳模式，企业需要了解员工外派国家的社保缴费模式、企业和员工的权利和义务，以及中国和东道国之间是否存在双边协定。对于大部分国家的居民来说，社会保险都属于强制性保险，即国家通过立法建立保险基金，强制某一群体将其收入的一部分作为社会保险税（费）存入其保险基金账户。对于强制性缴纳的国家，公司必须为员工缴纳社保。例如，在新加坡，未能为雇员购买足够的保险是违法的行为，违法者将面对高达10 000新加坡元罚款或长达12个月的监禁。在越南法律体系下，未缴纳社会保险的企业需要承担以下法律责任：

- 补缴以及承担利息：未缴足、延迟缴交、挪用超过30天的用人单位须依法补缴保险费并缴付相当于前一年度社保基金投资平均利率两倍的利息（计算基准根据补缴的金额和延迟支付的时间确定）。

- 缴纳罚款：缴纳强制社会保险、失业保险总保费额的12%～15%的罚款，最高不超过7 500万越南盾。
- 赔偿损失：因未缴社会保险给员工造成损害的，应当依法给予赔偿。

因此，对于"走出去"企业来说，了解社保缴纳违规的严重后果有助于其提升风险防范意识，从而降低违法成本及不必要的经济损失。

截至2019年9月，我国已与12个国家签署了双边社保协定，包括德国、韩国、丹麦、芬兰、加拿大、瑞士、荷兰、法国、西班牙、卢森堡、日本、塞尔维亚。从协议中互免的内容来看，覆盖的险种多为养老保险、失业保险、伤残保险、遗属年金等；覆盖人员一般包括双方派遣人员、船员、航空人员、外事机构人员、公务员、政府雇员等；在免除期限方面，就派遣人员而言，首次申请免除的期限为5年或6年，期满后经各自主管机构或经办机构批准可延长，延长期限视具体协议而定。因此，若企业"走出去"的投资目的地为以上12个国家中的一个或多个，则被外派的员工可在国内开具参保证明，从而得以在东道国免缴协定豁免的部分社保。

对于跨境派遣员工，企业一方面要遵守东道国和派遣国的劳动法律法规，另一方面要保障员工的基本权益，避免员工在境外发生工伤等事件。比如，沈某于2013年8月被上海爱立信电子有限公司派遣至南非约翰内斯堡担任财务控制中心经理职务。2013

年9月2日凌晨，沈某突发心脏病死亡。2013年9月30日，其妻向嘉定区人力和社会保障局提交工伤认定申请。嘉定区人力资源和社会保障局经申请做出予以工伤认定的决定。公司不服该工伤认定结果，提起行政诉讼。嘉定区法院一审判决公司败诉，维持行政机关做出工伤认定的具体行政行为。法院认为，在因工出境工作期间，沈某面临的社会习惯、生活环境和国内有很大不同；从发病后的处置情形来看，沈某发病后打电话给司机求助，且单独一人留在住处，求助方式和国内不同。假如当时他身处国内，那么他可能不至于死亡。因此，境外派遣工作具有其特殊性，只要没有证据证明员工在因工出境工作期间从事私人行为，则在此期间的员工将被认定为一直处于工作时间、工作场所和工作岗位上，因此沈某应被认定为工伤。

目前，我国与其他国家签订的社保互免条款，主要免除养老保险和失业保险的双重征收，但并不免除工伤保险及其他险种的缴费义务。各国职工医疗和工伤制度千差万别，社保互免在医疗和工伤范围的空白导致医疗救助和工伤赔偿成为海外劳务纠纷的主要问题。值得一提的是，南通市人社局、商务局于2013年联合下发了境外派遣人员参加工伤保险的新规。根据规定，凡是在南通市行政区域内具有对外承包工程和劳务合作经营资格的企业、境外投资企业，均要为其全部境外派遣人员在南通市办理工伤保险，所有参保手续必须在派出人员离境前办理，并缴纳工伤保险费；派遣企业按照二类风险行业类别确定工伤保险费费率；同时，为境外派遣人员缴纳工伤保险将作为外经企业年审考评的内容。在该规定实施后，参保人员享受的社保项目范围和待遇都将得到极大提升。

　　集团型企业海外跨境用工管理不仅有许多法律风险，同时也有较大的安全风险。各类风险环环相扣，企业必须高度重视，从制度设计、流程管理、体系监督等各方面去做好控制。

第四节　集团型企业属地化用工风险防控机制建设

　　中国企业在东道国用工的过程中，难免会因为跨文化沟通而造成劳动争议。属地化用工中有许多需要企业因地制宜和换位思考的内容。属地化用工的常见风险包括招聘问题、反歧视问题、解雇问题、工会问题、信息保护问题等。

一、属地化用工管理中的用工模式问题

　　属地化招聘的对象既包括本地员工，也涵盖当地中国或外籍留学生，企业在属地化招聘过程中必须严格遵守东道国劳动法律法规。首先，企业需要了解东道国的法律是否规定了雇主资格。以印度为例，企业需根据印度公司法的规定办理登记执照，或者在印度某邦的工业部门或出口促进委员会已经注册登记；获得许可及注册证书的独资企业、合伙企业、公司、联络处、分支机构、协会和注册社团方可直接招聘和雇用员工。在无合格资质的情况下，企业在当地直接招聘员工属于非法用工。同时，考虑到通过属地化招聘的员工一般比较熟悉东道国的法律及社会环境，采用该类招聘模式的企业也需要对东道国劳动法律法规有十分清

楚的了解并且熟悉操作——从发布招聘公告、面试、发放入职通知、签订劳动合同到员工入职的各环节，都应符合东道国法律法规，避免员工申诉和产生争议。

除企业直接招聘外，不少企业通过人力资源服务机构进行招聘或开展人力资源外包服务，因此它们必须高度重视相关机构是否具备相应的资质。在对外劳务合作的模式下，企业需根据《对外劳务合作管理条例》《防范和处置境外劳务事件的规定》《商务部办公厅关于开展规范外派劳务市场秩序专项行动的通知》，选择对外劳务合作公司（按照省、自治区、直辖市人民政府的规定，经省级或者设区的市级人民政府商务主管部门批准，取得对外劳务合作经营资格的公司），并与之签订合法合规的劳务合作合同。而在东道国的招聘过程中，企业选取的人力资源服务机构也必须符合当地的相关法律法规。以俄罗斯为例，其2014年出台的《雇佣和就业私有中介法》对劳务派遣公司有严格的规定，要求公司必须具备劳务中介资格，其注册资本金为100万卢布，该劳务公司的总经理必须具有人力资源专业的高等教育证书和相关行业不少于三年的工作经验，且无犯罪前科、无税收债务等。因此，选择合规的招聘渠道也是"走出去"企业需要高度重视的工作。

二、属地化用工管理中的歧视问题

企业在"走出去"过程中需要高度重视歧视问题，尤其是在欧美国家，就业歧视是人力资源合规的重要方面。歧视的类型和表现形式多种多样，除了种族歧视以外，还有基于年龄、性别、种族、语言、宗教信仰等其他类型的歧视，这些都是中国企业在走出去的过程中容易忽略的风险问题。招聘过程中的歧视主要体现在招聘广告中的歧视性表达、候选人筛选时的歧视性条件、面试过程中询问与工作无关的问题。

以美国为例，《1964年民权法案》的第七章第704条第2款规定："雇主不得在印刷、刊发时发布基于种族、肤色、宗教信仰、性别或国籍等具有明显偏好、限制、特质、歧视的招聘启事和广告，除非出于行业资质所必需。"例如，在"黑尔兹诉联合航空公司"一案中，联合航空公司招聘广告中的"女空乘员"一词即构成违反上述条款规定。另外，不少中国企业在海外优先考虑中国籍员工，在招聘广告上写"Chinese must"或直接用中文起草招聘广告，极易引发候选人的歧视申诉。除性别和国籍外，招聘过程中的年龄歧视也是高频发生的歧视类型。美国《反年龄歧视法案》禁止企业对40岁以上的员工进行年龄歧视。在实践中，落选的员工可能因面试官提的一些问题和表现推断公司对他存在歧视，从而状告公司。因此，对于公司来说，招聘过程中的表达和广告均需禁止歧视性的用词和语句；对员工的面试问题要尽量保持统一；不把年龄和性别等因素作为选择员工的标准；避免询问与工作岗位无关的问题，如出生地、宗教信仰、家庭情况、年龄、身高体重、是否单身、要求提供全身照等。例如，澳大利亚移民局2016年4月发布规定称，雇主需要保留相关书面文件证明录用过程中针对457签证的持有者并没有因其签证状态和国籍而发生歧视行为。

随着全球化的步伐越来越快，中国企业只有对歧视的问题在态度和认知上转变意识，并建立合理切实可行的预防措施，如制定反歧视政策、设立内部处理歧视的申诉机制、培训员工了解公司的反歧视政策、委任合适的人选处理有关歧视问题等，才能够吸引优秀人才，才能既避免招聘环节中的歧视风险，同时也减少海外用工中其他环节的劳动争议风险，从而在东道国树立良好的中国企业形象。

三、属地化用工管理中的信息获取与保护问题

在数据时代，各国对个人数据保护的要求越发严格，企业在招聘阶段获取求职者个人信息的流程也必须严格遵守数据保护的相关规定。企业首先必须注意谁是可收集信息的主体，其次要清楚哪些信息属于可以收集的信息，最后在收集完毕相关信息后要知道如何使用。

以中国香港为例，在招聘阶段，企业若清楚地在招聘广告中表明自己的雇主身份，则可在招聘广告中要求求职者递交个人材料；若雇主在广告中未直接告知自己的身份而仅显示公司的邮箱、电话等不足以表明身份的信息，则匿名的雇主不可直接向求职者索取个人资料。通常，匿名的雇主会提供电话号码供求职者查询雇主身份，并可应求职者的要求提供载有雇主身份资料的职位申请表。

企业必须高度重视哪些信息属于可以收集的信息。收集求职者信息容易引发前文提到的歧视问题，因此企业必须在获取信

息阶段避免不合法的操作，如要求求职者告知性别、婚姻状况等信息。原则上，企业只可收集足以履行招聘项目的所需材料，如工作经验、工作技能、学历、专业资格等。员工的个人身份证号码等信息，仅在特殊情况下可以收集，同时需要获得员工的同意且企业内部需有政策妥善保管员工的个人信息。求职者家属的信息，仅可用于评估是否存在利益冲突。企业可以根据工作的性质，要求员工接受心理测试、背景调查或品格审查等程序，并经求职者同意向求职者目前或前雇主获得相关评价。对于有条件聘任入选的求职者，企业可通过入职体检收集求职者在健康状况方面的个人资料，但限于最低限度的健康状况资料。

在收集上述信息时，企业需要制定流程，首先在收集时或收集前及时告知员工其资料的使用目的、可能接收的对象，以及是否属于必要或自愿选择提供的信息。其次，在使用资料前，企业应当告知求职者有权查阅其个人信息以及负责处理其资料的人员姓名和地址。中国香港地区通常建议采用书面的通知说明，如将收集个人资料声明附在职位申请表内，作为表格的一部分。最为重要的是，企业必须采取合理的步骤，确保用安全的方式收集、处理及储存求职者的个人资料，不论有关资料是电子形式还是纸质形式。通常，资料的保留有期限的限制。以中国香港为例，求职者在招聘方面的资料自公司拒绝聘用之日起保留不得超过两年。

在中国香港，企业在收集员工个人信息时，需要遵守《个人资料（私隐）条例》。其中，个人资料私隐保护六原则贯穿于信息资料收集保管流程的始终。第一，合法和公平原则：企业收集资料需注意合法性和公平性，限于实际需要而不超乎适度。第二，资料准确及保留原则：企业需采取切实可行的资料保管步骤，且保管时间不能超过实际所需。第三，当事人自愿原则：企业使用资料需要得到当事人的自愿和明确同意，只限于收集时所标明的目的。第四，资料保护原则：企业需采取措施保障个人资料不会未经授权或意外被查阅、泄露、删除、丧失或使用。第五，公开政策原则：企业需公布处理个人信息资料的操作方式，公开持有保管并使用的目的。第六，查阅及更正原则：当事人有查阅本人资料和及时要求更正的权利。

因此，中国企业在"走出去"的过程中，需要在招聘时高度重视求职者个人信息的收集、保管和使用，避免不当使用违反东道国或地区的隐私法律法规。

四、属地化用工管理中的合同签订与试用期问题

在员工入职时，如何与员工签订劳动合同和约定试用期也是困扰中国企业的常见问题。相比中国大陆地区必须签订书面劳动合同，不少境外国家并不强制要求签订书面劳动合同。日本不强制要求雇佣双方签订书面劳动合同，但是工资、工作时间和其他劳动条件需要明示。在韩国，劳动合同可以书面或口头形式订立，但是兼职员工必须签订书面劳动合同，并且工资、劳动时间等条件需要书面确认并保留三年。在印度，各邦对劳动合同都有具体的规定，如卡纳塔克邦不强制要求签订书面合同，但是要求企业在正式雇用任何员工前发送书面任命通知。在新加坡，劳动

合同可以口头约定，但是自2016年起，雇主必须为受聘超过14天的雇员提供一份书面的雇佣条件说明，对于工资、休息休假和离职的情形进行约定。

除合同签订的问题外，试用期在境外多国也并没有强制性的规定，试用期的设定通常属于企业自主权利。日本、韩国、印度和新加坡在试用期方面均无法律规定，实践中通常为1~6个月。然而，不少企业投机取巧制定超长时间的试用期，或不断以各类借口延长试用期，此类操作实际属于滥用雇主权利行为。企业在约定试用期时必须从岗位需要的合理性出发，与员工在入职前协商一致，对于试用期的长度、试用期延长的情况、试用期的工作、试用期内劳动关系解除的原因等进行全面约定。

五、属地化用工管理中的薪酬个税支付问题

中国企业"走出去"也经常面临工资支付和个税缴纳的劳动风险。各国法律基本都以明确的法律条款、章节确定雇主在工资支付方面的基本义务。海外经营的企业在制定符合东道国标准的薪酬待遇时，需要注意各国最低工资政策，尤其是小时薪资远高于中国大陆地区且位于世界前列的国家（如澳大利亚、法国、英国等）。大部分国家的最低工资是全国性的保障标准，也存在按照地区经济发展程度或者根据行业特色订立不同的最低工资水平的情形。就澳大利亚而言，小时薪资每年7月上调，所有员工工资不得低于国家最低工资标准，公平工作署负责即时监督和调查。越南的最低工资按地区分为四个等级且每年以较大幅度增

长，对应各区域的平均工资、福利、社保费率等也会上涨。

另外，企业在海外支付劳动报酬要格外注意两点，即"时间上要即时""数额上要足额"，否则将要面临极为严重的法律后果。以泰国为例，若雇主经员工催告后在规定的时间内仍未支付员工工资，那么雇主需以15%的年息连本带利地赔偿雇员。在情节严重的情况下，雇主还将被处以不超过6个月的监禁，罚款不超过10万泰铢，或两者并罚。在中国香港，雇主若故意及无合理辩解，未在劳资审裁处或小额薪酬索偿仲裁处判令要求的日期后14天内支付拖欠工资，而被检控一经定罪的，那么最高可被罚款35万港元及监禁3年。

除工资发放外，雇主一般负有代扣代缴雇员个税的法定义务，不可以通过双方约定免除、转移，否则会招致相关执法部门的查处。个税代扣代缴的内容通常需要明确体现在工资单上，雇主也需要对工资单按照东道国的法定保留期限进行留存，以便劳动或税务部门的监察。

六、属地化用工管理中的工时休假管理问题

在企业"走出去"的过程中，工时休假也是造成劳动争议的重要风险点。很多国家、地区对工时和加班时长有严格的规定，甚至有一些发达国家要求雇主不得在下班时间联系雇员。2005年12月，沃尔玛因剥夺员工中午午休时间，且未给员工薪资补偿，被加州法院判处向包括离职员工在内的员工支付5 700万美元损害赔偿金和1.15亿美元惩罚性赔偿金。中国大陆地区广受争

议且已成现象的"996"或"007"工作制一旦在国外使用，可能面临劳动部门的监察、勒令整改甚至更严厉的处罚。与此同时，外国工会组织的力量也会在企业实施不当加班制度时强势体现出来——工会可能通过协商或组织员工罢工、示威来迫使企业遵守法定工时制度，并设立合理的加班政策。

在休假方面，各国年休假长度的规定不同。有些国家对员工享受年休假有服务年限的要求，比如法国规定工作满12个月后的员工可享受35天带薪年休假，中国规定工作满12个月后可享受5天带薪年假。有些国家员工入职当年即可享受带薪年休假，如澳大利亚雇员自入职起享有法定4周带薪年休假。此外，对于年休假是否可以累计，不同国家的法律规定不同。企业在制定员工手册或劳动合同时，需要注意东道国关于年假累计或折现的具体要求。比如在韩国，《劳动标准法》并不强制累计未使用年休假，雇员年休假一般需当年用尽或雇主在员工明确表示同意折现的情况下折抵对应工资支付给雇员，然而通常雇主必须承担通知义务，及时告知员工的剩余休假天数，协助员工妥善做好休假安排。

与中国法定带薪产假不同的是，国外的产假并不一定带薪，或者产假薪水由政府承担而非雇主承担。有些国家没有法定的带薪产假，如美国仅在加州、新泽西州、罗得岛州、纽约州等部分地区实行带薪产假。提供法定带薪产假的国家仍占多数，但各国对产假的时间长度有不同的规定。例如，捷克、奥地利等国家的法定带薪产假为52周及以上，而中国、日本等规定的带薪产假为14～25周。目前，对于产假女职工，绝大部分国家有专门法律规定或条款明确对其进行解雇保护。通常，在女职工享受产假时，雇主不可以解雇该女职工。解雇产假女职工往往导致违法解雇的法律后果，也会涉嫌严重的就业歧视。

七、属地化用工管理中的职业安全与健康问题

在长期的劳资双方势力斗争以及工会组织的作用之下，许多国家高度重视劳工的人身安全与健康，对于"走出去"的中国企业往往抽检严格。例如，福耀集团在美国的玻璃厂方（以下简称"福耀玻璃"）2016年因为未严格按照美国劳工法运营——安排工人在不安全的环境下工作，被处以约22.5万美元的罚款。2017年，福耀玻璃又因违反安全规定，被罚处3.8万美元。除欧美国家，中国企业属地化用工比例较高的东南亚国家，在制造业大举迁移的背景之下也开始重视对工厂卫生的管理要求，它们通过法律明文规定，设立了一系列可执行的相关标准。在菲律宾，员工人数满300人的公司应配全职医生、医生助理、护士、病床、必备药品等，或者公司需要与合格诊所配合提供员工医疗服务。越南则构建了相当发达的职业安全与健康法律体系，包括《人民健康保护法》、《越南劳工法典》（1994年）、《环境保护法》、《职业安全与健康第6号命令》。

除工作场所的职业健康与安全问题外，员工在境外的人身安全问题也是企业必须高度重视的。以非洲为例，由于非洲对外承包工程业务的不断增加，非洲地区也逐渐成为中国企业"走出去"的热门地区。然而非洲政治风险、战争风险、治安风险、疾病风险比较大，企业派驻员工到当地需要在人身安全保护、疾病

防控等方面多下功夫，商业保险、安全培训等相关措施也需要跟上。

八、属地化用工管理中的工会问题

各国的工会制度与劳动法密切相关，而企业与工人之间的冲突和矛盾根源多数在于：企业未充分了解或未遵守东道国的劳动法律法规，未履行雇主责任和义务，未预估到东道国政治经济环境的不断变化，以及中资企业管理层与东道国员工之间因社会文化和宗教习俗所引发的各类文化冲突。为避免在东道国劳资纠纷的频发和保障企业投资安全，中资企业必须从前期调研、落地管理到协调应对等各个环节都高度重视境外工会的作用，将工会纳入企业的劳动用工风险防控体系内。中资企业无论是在"一带一路"沿线国家投资建厂，还是兼并收购，前期必须对所在地的工会进行深入调查研究。而工会的三大特性（独立性、群众性和斗争性）直接决定了工会以为员工争取权益为己任，对员工有着极高的管理职能和调解劳资关系的作用。中资企业在正视工会特性的同时亦可充分运用工会的力量，实现员工管理和劳资争议调解。在面对工会激烈的斗争时，多数中资企业以消极逃避或者盲目接受的方式应对，这不仅无法及时解决问题，甚至常常会导致冲突的进一步激化。如何提高企业的集体协商与谈判能力，是中资企业普遍面临的问题。而在问题的背后，更重要的是企业应当重视对职工权益的保护和跨文化沟通渠道的开拓。

目前，福耀玻璃在美国与工会的博弈随着《美国工厂》的上线也引发了热议。在2017年11月福耀玻璃俄亥俄州西南部代顿市的工厂中，近1 600名参与选举的工人以886票反对建会对441票赞成建会的结果，宣告了美国联合汽车工会（UAW）在这一"战役"中的失败。美国联合汽车工会一直凭借其卓越的战斗力而极具传奇色彩，而福耀玻璃在面对一系列美国职业安全与健康管理局（OSHA）的处罚后，终于赢得了这场博弈的胜利。在这场博弈中，福耀玻璃的表现和经验可谓给中资企业做了一次探路性的尝试。公司首先聘请外部工会专家充分说明美国有关工会的法律规定，保证在未控制、未干涉、未阻碍员工加入工会的原则下，在合法的框架内针对美国联合汽车工会的活动制定应对策略；其次，与工人直接对话获取信任，同时明确工厂对于员工福利待遇的保障；再次，提供美国联合汽车工会涉嫌腐败证据；最后，组织活动和打造中餐食堂，加深企业与工人的互动。在多重组合策略下，美国联合汽车工会未进入工厂，而福耀玻璃却拉近了和基层员工的距离，使得中式管理文化与美式用工文化进行了一次碰撞与融合。无论是工会斗争还是社会型大规模暴乱，解决问题的核心都在于劳资关系的协调，而和谐的劳资关系必须以企业对员工权益的保护和尊重以及管理层与基层员工沟通的顺畅与相互理解作为坚实的基础。

第五节　结语：集团型企业海外用工可持续发展

习近平主席在2018年博鳌亚洲论坛的开幕式上指出："我希望，各国人民同心协力、携手前行，努力构建人类命运共同体，共创和平、安宁、繁荣、开放、美丽的亚洲和世界。"因此，中资企业在"一带一路"沿线国家劳动用工管理的过程中，必须高度提升劳动用工合规意识，重点管控风险，充分挖掘机遇，积极有效沟通，充分重视人才。

对于海外用工的各类风险，集团型企业必须在属地化运营的基础上，因地制宜，充分尊重差异，在严格遵守当地劳动法律法规的基础上，灵活发放薪酬待遇，健全福利保障多元机制，完善安全管理，杜绝中方管理者的违法行为，加强与员工的充分沟通，在属地化扩大本地员工数量的同时加大本土优秀员工的培训，建立多渠道沟通机制，联络第三方力量参与平衡和构建对话途径，建立风险防范机制和应急预案，在自我风险防范到位的同时承担更多的社会责任，实现可持续发展与互利共赢。

我们相信，中资企业在海外将以信守承诺、以诚相待、惠风和畅、有容乃大的理念，推行属地化管理，加快本土化经营，积极履行社会责任，最大程度地带动所在国经济发展与提升当地民众的福利水平，充分尊重利益相关方的差异性和多元性，在开放中分享机会和利益并实现互利共赢，真正在竞争中合作，在合作中共赢，构建你中有我、我中有你的命运共同体。

附　录

在国家和地方层面，产假、婚丧假、加班工资计算基数的相关规定如附表1、附表2、附表3所示。关于住房公积金、社平工资、医疗期、医疗期待遇、中夜班津贴、最低工资的相关地方规定如附表4至附表9所示。

附表1　产假的相关规定

国家或城市	普通产假	奖励假	特殊情况	流产假	文件
国家		无	第七条第一款 难产的，增加产假15天；生育多胞胎的，每多生育1个婴儿，增加产假15天	第七条第二款 女职工怀孕未满4个月流产的，享受15天产假；怀孕满4个月流产的，享受42天产假	《女职工劳动保护特别规定》（国务院令2012年第619号）

（续表）

国家或城市	普通产假	奖励假	特殊情况	流产假	文件
上海		《上海市人口与计划生育条例》第三十一条第二款 符合法律法规规定生育的夫妻，女方除享受国家规定的产假外，还可以再享受生育假三十天	《上海市女职工劳动保护办法》第十四条第（二）项 难产者，增加产假十五天；多胞胎生育的，每多生育一个婴儿，增加产假十五天	《上海市女职工劳动保护办法》第十四条第（三）项 妊娠三个月内自然流产或子宫外孕者，七个月以上自然流产者，给予产假三十天；妊娠三个月以上、七个月以下自然流产者，给予产假四十五天。《上海市计划生育与补助若干规定》（上海市计划生育奖励） 实行计划生育手术的公民，按照下列规定享受休假，假期期间的工资按照本人正常出勤应得的工资发放。……第一次人工流产及因放置宫内节育器、绝育、皮下埋植术后失败的再次人工流产，孕期小于13周且行吸宫，孕期小于13周且行钳刮术的，休息14天；孕期大于13周的，休息21天；孕期大于13周且的，休息30天。实行计划生育手术的公民有以下情形之一日经医生同意需要休息的，其假期按病假处理：（一）第一次人工流产及因放置宫内节育器、绝育、皮下埋植术后失败而再次人工流产后，已休满规定假，皮下埋植术后失败或放置宫内节育器术而再埋植术而再；（二）未采取绝育次人工流产	《上海市人口与计划生育条例》（上海市人民代表大会常务委员会第36号）、《上海市女职工劳动保护办法》（上海市人民政府令第52号）、《上海市计划生育奖励与补助若干规定》（沪府发〔2016〕46号）

（续表）

国家或城市	普通产假	奖励假	特殊情况	流产假	文件
北京	《女职工劳动保护特别规定》第七条第一款提出：女职工生育享受98天产假，其中产前可以休假15天。《关于〈女职工劳动保护规定〉问题解答》（劳安字〔1989〕1号）指出：所谓产前假15天，系指预产期前15天的休假。产前假一般不得放到产后使用。若孕妇提前生产，可将不足的天数和产后假合并使用；若孕妇推迟生产，可将超出的天数按病假处理	《北京市人口与计划生育条例》第十八条，机关、企业事业单位、社会团体和其他组织的女职工，按规定生育的，除享受国家规定的产假外，享受生育奖励假三十天……女职工经所在机关、企业事业单位、社会团体和其他组织同意，可以再增加假期一至三个月	适用国家规定	《关于贯彻实施〈北京市企业职工生育保险规定〉有关问题的通知》第四条 产假时间按自然天数计算。女职工妊娠不满12周（含）流产的产假为15天；12周以上16周（含）以内流产的产假为30天；16周以上28周（含）以内流产的产假为42天。怀孕28周以上终止妊娠的享受正常生育产假90天，其中包括产前休假15天	《北京市人口与计划生育条例》（北京市人民代表大会常务委员会公告第23号）、《关于贯彻实施〈北京市企业职工生育保险规定〉有关问题的通知》（京劳社医发〔2005〕62号）

（续表）

国家或城市	普通产假	奖励假	特殊情况	流产假	文件
天津		《天津市人口与计划生育条例》第二十二条 符合法律、法规规定生育子女的，男方所在单位给予七日护理假，女方所在单位增加生育假（产假）三十日；不能增加生育假（产假）的，给予一个月基本工资或者实得工资的奖励	《天津市人力社保局关于职工生育问题有关问题的通知》第一条 遇有难产的，增加产假15天；多胞胎生育的，每多生育1个婴儿，增加产假15天	《天津市人力社保局关于职工生育产假有关问题的通知》第二条 女职工怀孕流产的（含人工流产），其所在单位应根据医务部门的证明，按下列规定给予产假： （一）3个月以下的，产假15天； （二）3个月以上（含3个月）至4个月的，产假30天； （三）4个月以上（含4个月）至7个月的，产假42天； （四）7个月以上（含7个月）的，产假98天	《天津市人口与计划生育条例》（天津市人民代表大会常务委员会公告第41号）、《天津市人力社保局关于女职工生育产假有关问题的通知》（津人社局发〔2012〕56）

（续表）

国家或城市	普通产假	奖励假	特殊情况	流产假	文件
广州		《广东省人口与计划生育条例》第三十条 符合法律、法规规定生育子女的夫妻,女方享受八十日的奖励假	《广东省实施〈女职工劳动保护特别规定〉办法》第十一条 生育时遇有难产的,增加30天产假;生育多胞胎的,每多生育1个婴儿,增加15天产假	《广东省实施〈女职工劳动保护特别规定〉办法》第十一条 女职工怀孕未满4个月终止妊娠的,根据医疗机构的意见,享受15天至30天产假;怀孕4个月以上7个月以下终止妊娠的,享受42天产假;怀孕满7个月终止妊娠的,享受75天产假	《广东省实施〈女职工劳动保护特别规定〉办法》(广东省人民政府令第227号)、《广东省人口与计划生育条例》(广东省第十二届人民代表大会常务委员会公告第66号)
深圳		同广州	同广州	同广州	同广州

（续表）

国家或城市	普通产假	奖励假	特殊情况	流产假	文件
苏州		《苏州市人口与计划生育办法》第十五条第二款自2016年1月1日起，符合《江苏省人口与计划生育条例》规定生育子女的夫妻，女方在享受国家规定产假的基础上，延长产假30天	《苏州市人民政府关于印发〈苏州市职工生育保险管理办法〉的通知》第十九条 难产、剖宫产的，增加15天的生育津贴；生育多胞胎的，每多生育1个婴儿，增加15天的生育津贴	《苏州市人民政府关于印发〈苏州市职工生育保险管理办法〉的通知》第十九条 妊娠不满2个月流产的，享受20天的生育津贴；妊娠满2个月不满3个月流产的，享受30天的生育津贴；妊娠满3个月不满7个月流产、引产的，享受42天的生育津贴；妊娠满7个月引产的，享受98天的生育津贴	《江苏省人口与计划生育条例》（江苏省人民代表大会常务委员会公告第38号）、《苏州市人民政府关于印发〈苏州市职工生育保险管理办法〉的通知》（苏府规字〔2015〕2号）

（续表）

国家或城市	普通产假	奖励假	特殊情况	流产假	文件
宁波		《浙江省人口与计划生育条例》第三十条 2016年1月1日以后符合法律、法规规定生育子女的夫妻,可以获得下列福利待遇:(一)女方法定产假期满后,享受三十天的奖励假,不影响晋级调整工资、并计算工龄;用人单位根据具体情况,可以给予其他优惠待遇	《浙江省女职工劳动保护办法》第十四条 生育多胞胎的,每多生育1个婴儿,增加产假15天	《浙江省女职工劳动保护办法》第十四条 女职工怀孕不满4个月流产的,享受产假15天;怀孕满4个月流产的,享受产假42天	《浙江省人口与计划生育条例》(浙江省人民代表大会常务委员会公告第38号)、《浙江省女职工劳动保护办法》(浙江省人民政府令第355号)

（续表）

国家或城市	普通产假	奖励假	特殊情况	流产假	文件
成都		《四川省人口与计划生育条例》第二十六条 符合本条例规定生育子女的夫妻，除法律、法规规定外，延长女方生育假60天	适用国家规定	《成都市生育保险办法》第七条 以女职工生产前12个月本人的生育保险缴费工资总额除以365日后，按不同情形分别计算生育津贴：1.妊娠满7个月生产或流产的乘以90日；2.妊娠满3个月不满7个月生产或流产的乘以42日；3.妊娠不满3个月流产的乘以14日	《四川省人口与计划生育条例》（四川省第十二届人民代表大会常务委员会公告第61号）、《成都市生育保险办法》（成都市人民政府令第126号）

（续表）

国家或城市	普通产假	奖励假	特殊情况	流产假	文件
重庆		第二十六条第二款　符合法律法规规定生育的女职工，在国家规定产假的基础上增加产假三十日。产假期间享受在岗职工同等待遇。符合法律法规规定生育的女职工，经本人申请、单位批准，产假期满后可连续休假至子女一周岁止，休假期间的月工资按照不低于休假前本人基本工资的百分之七十五发给，但不得低于当年本市最低工资标准	适用国家规定	适用国家规定	《重庆市人口与计划生育条例》（重庆市人民代表大会常务委员会公告〔2016〕第7号）
西安		第四十八条第二款　职工合法生育子女的，在法定产假的基础上增加产假六十天。女职工参加孕前检查的，在法定产假的基础上增加产假十天	适用国家规定	适用国家规定	《陕西省人口与计划生育条例》（陕西省第十一届人民代表大会常务委员会公告第15号）

附表2　婚丧假的相关规定

国家或城市	婚假相关规定	文件	丧假相关规定	文件
国家	职工本人结婚可以根据具体情况，由本单位行政领导批准，酌情给予一至三天的婚假	《国家劳动总局，财政部关于国营企业职工请婚丧假和路程假问题的通知》	职工本人或职工的直系亲属（父母、配偶和子女）死亡时，可以根据具体情况，由本单位行政领导批准，酌情给予一至三天的丧假	《国家劳动总局，财政部关于国营企业职工请婚丧假和路程假问题的通知》
上海	符合法律规定结婚的公民，除享受国家规定的婚假外，增加婚假七天	《上海市人口与计划生育条例》（上海市人民代表大会常务委员会公告第36号）	职工的岳父母或公婆死亡后，需要职工料理丧事的，由本单位行政领导批准，可给予一至三天的丧假	《上海市劳动局、上海市人事局、上海市财政局关于职工的岳父母或公婆等亲属死亡后给予请丧假问题的通知》［沪劳资发（87）130号］
北京	依法办理结婚登记的夫妻，除享受国家规定的婚假外，增加假期七天	《北京市人口与计划生育条例》（北京市人民代表大会常务委员会公告第23号）	女职工的公婆死亡时和男职工的岳父母死亡时，经本单位领导批准，可酌情给予一至三天的丧假	《北京市劳动局关于国营企业职工请丧假范围有关问题的通知》〔1987〕66号）

（续表）

国家或城市	婚假相关规定	文件	丧假相关规定	文件
天津	适用国家规定	适用国家规定	机关、事业单位工作人员的直系亲属（父母、配偶、子女）及女职工的公婆、男职工的岳父母死亡时可给予3天的丧假	《关于职工请假范围有关问题的通知》（津劳险字〔1986〕271号）
广州	职工本人结婚，可享受婚假3天	《广东省企业职工假期待遇死亡抚恤待遇暂行规定》（粤劳薪〔1997〕115号）	职工的直系亲属（父母、配偶、子女）死亡，可给予3天以内的丧假。职工配偶的父母死亡，经单位领导批准，可给予3天以内丧假	《广东省企业职工假期待遇死亡抚恤待遇暂行规定》（粤劳薪〔1997〕115号）
深圳	职工本人结婚，可享受婚假3天	《广东省企业职工假期待遇死亡抚恤待遇暂行规定》（粤劳薪〔1997〕115号）	职工的直系亲属（父母、配偶、子女）死亡，可给予3天以内的丧假。职工配偶的父母死亡，经单位领导批准，可给予3天以内丧假	《广东省企业职工假期待遇死亡抚恤待遇暂行规定》（粤劳薪〔1997〕115号）

（续表）

国家或城市	婚假相关规定	文件	丧假相关规定	文件
苏州	依法办理结婚登记的夫妻，在享受国家规定婚假的基础上，延长婚假十天	《江苏省人口与计划生育条例》（江苏省人民代表大会常务委员会公告第38号）	职工的岳父母或公婆死亡后，需要职工料理丧事的，由本单位行政领导批准，可酌情给予一至三天的丧假。丧事在外地料理的，可根据路程的远近，另给予路程假。在批准的丧假和路程假期间，职工的工资照发。往返途中的车船费等，由职工自理	《关于职工的岳父母或公婆死亡后可给予请丧假问题的通知》[苏劳险〔1987〕25号、苏财工（87）326号]
宁波	适用国家规定	适用国家规定	适用国家规定	适用国家规定

（续表）

国家或城市	婚假相关规定	文件	丧假相关规定	文件
成都	职工本人结婚，可以根据情况，由本单位行政领导批准，给予五天的婚假（未含按规定应享受的晚婚假）	《关于国营企业职工请婚丧假和路程假问题的通知》	职工本人或职工的直系亲属（父母、配偶和子女）死亡时，可以根据具体情况，由本单位行政领导批准，酌情给予一至三天的丧假。职工的直系亲属（父母、配偶或子女）死亡时，由本单位行政领导批准，给予五天的丧假。职工的岳父、母或公、婆死亡时，需要其料理丧事的，可参照上述规定执行	《关于国营企业职工请婚丧假和路程假问题的通知》
重庆	依法办理结婚登记的夫妻享受婚假十五日	《重庆市人口与计划生育条例》（重庆市人民代表大会常务委员会公告第7号）	职工的直系亲属（父母、配偶或子女）死亡时，由本单位行政领导批准，给予5天的丧假	《重庆市劳动和社会保障局关于企业职工请婚丧假的处理意见的通知》（渝劳社办发〔2000〕24号）

257

（续表）

国家或城市	婚假相关规定	文件	丧假相关规定	文件
西安	依法办理结婚登记的夫妻在结婚登记前参加婚前医学检查的，在国家规定婚假的基础上增加假期十天	《陕西省人口与计划生育条例》（陕西省人民代表大会常务委员会公告第35号）	适用国家规定	适用国家规定

附表3　加班工资计算基数的相关规定

国家或城市	相关规定	文件
国家	第十三条　用人单位在劳动者完成定额或规定的工作任务后，根据实际需要安排劳动者在法定标准工作时间以外工作的，应按以下标准支付工资： （一）用人单位依法安排劳动者在日法定标准工作时间以外延长工作时间的，按照不低于劳动合同规定的劳动者本人小时工资标准的150%支付劳动者工资； （二）用人单位依法安排劳动者在休息日工作，而又不能安排补休的，按照不低于劳动合同规定的劳动者本人日或小时工资标准的200%支付劳动者工资； （三）用人单位依法安排劳动者在法定休假节日工作的，按照不低于劳动合同规定的劳动者本人日或小时工资标准的300%支付劳动者工资。实行计件工资的劳动者，在完成计件定额任务后，由用人单位安排延长工作时间的，应根据上述规定的原则，分别按照不低于其本人法定计件单价的150%、200%、300%支付其工资。经劳动行政部门批准实行综合计算工时工作制的，其综合计算工作时间超过法定标准工作时间的部分，应视为延长工作时间，并应按本规定支付劳动者延长工作时间的工资。实行不定时工时制度的劳动者，不执行上述规定	《工资支付暂行条例》（劳部发〔1994〕489号）

259

（续表）

国家或城市	相关规定	文件
上海	二、关于加班工资计算基数如何确定的问题 我们认为，用人单位与劳动者对月工资有约定的，加班工资基数应按双方约定的正常工作时间的月工资来确定；如双方对月工资没有约定或约定不明的，应按《劳动合同法》第18条规定来确定正常工作时间的月工资，并以确定的工资数额作为加班工资的计算基数。 如按《劳动合同法》第18条规定仍无法确定正常工作时间工资数额的，对加班工资数额的、可按照劳动者实际获得的月收入扣除非常规性奖金、福利性、风险性等项目后的正常工作时间的月工资确定。 如工资系打包支付，或双方形式上约定的"正常工作时间工资"标准明显不合理，或有证据可以证明用人单位恶意将本应计入正常工作时间工资的项目归入非常规性奖金、福利性、风险性等项目中，以达到减少正常工作时间工资数额计算目的的，可参考实际收入×70%的标准进行适当调整。 按上述原则确定的加班工资基数均不得低于本市月最低工资标准	《上海市高级人民法院关于劳动争议若干问题的解答》（上海高级人民法院民一庭调研指导〔2010〕34号）

（续表）

国家或城市	相关规定	文件
上海	九、企业安排劳动者加班的，应当按规定支付加班工资。劳动者在依法享受婚假、丧假、探亲假、病假等假期期间，企业应当按规定支付假期工资。 加班工资和假期工资的计算基数为劳动者所在岗位相对应的正常出勤月工资，不包括年终奖、上下班交通补贴、工作餐补贴、住房补贴、中夜班津贴、夏季高温津贴、加班工资等特殊情况下支付的工资。加班工资和假期工资的计算基数按以下原则确定： （一）劳动合同对劳动者月工资有明确约定的，按劳动合同约定的劳动者所在岗位相对应的月工资确定。 （二）实际履行与劳动合同约定不一致的，按实际履行的劳动者所在岗位相对应的月工资确定。 （三）劳动合同对劳动者月工资未明确约定的，集体合同（工资专项集体合同）对岗位相对应的月工资有约定的，按集体合同（工资专项集体合同）约定的与劳动者岗位相对应的月工资确定。 劳动合同、集体合同（工资专项集体合同）对劳动者月工资均无约定的，按劳动者正常出勤月依照本办法第二条规定的工资（不包括加班工资）的70%确定。 加班工资和假期工资的计算基数不得低于本市规定的最低工资标准。法律、法规另有规定的，从其规定	《上海市人力资源和社会保障局关于印发〈上海市企业工资支付办法〉的通知》（沪人社综发〔2016〕29号）

（续表）

国家或城市	相关规定	文件
	第四十四条　根据本规定第十四条计算加班工资的日或者小时工资基数，根据第十九条支付劳动者休假期间工资，以及根据第二十三条第一款第一项支付劳动者本人工资，计划生育手术假期间工资，应当按照下列原则确定：（一）按照劳动合同约定的劳动者本人工资标准确定；（二）劳动合同没有约定的，按照集体合同约定的加班工资基数以及休假期间工资标准确定；（三）劳动合同、集体合同均未约定的，按照劳动者本人正常劳动应得的工资确定。依照前款确定的加班工资基数以及各种假期工资不得低于本市规定的最低工资标准	《北京市工资支付规定》（北京市人民政府第200号令）
北京	19. 对于加班工资的日或者小时工资基数的确定，应参照《北京市工资支付规定》第四十四条的规定执行。用人单位与劳动者在劳动合同中约定了工资标准，但同时又约定以本市最低工资标准或低于劳动合同约定的工资标准作为加班工资基数的，劳动者主张以劳动合同约定的工资标准作为加班工资基数的，应予支持	《北京市高级人民法院、北京市劳动争议仲裁委员会关于劳动争议案件法律适用问题研讨会会议纪要》（2009年8月17日）

（续表）

国家或城市	相关规定	文件
北京	22. 如何确定劳动者加班费计算基数？ 劳动者加班费计算基数，应当按照法定工作时间内劳动者提供正常劳动应得工资确定，劳动者每月加班费不计到下月加班费计算基数中。具体情况如下： （1）用人单位与劳动者在劳动合同中约定了加班费计算基数的，以该约定为准；双方同时又约定以本市规定的最低工资标准或加班费计算基数低于劳动合同约定的工资标准作为加班费计算基数，劳动者主张以劳动合同约定的工资标准作为加班费计算基数的，应予支持。 （2）劳动者正常提供劳动的情况下，双方实际发放的工资标准高于原约定工资标准的，可以视为双方变更了合同约定的工资标准，以实际发放的工资标准作为计算加班费计算基数。实际发放的工资标准低于合同约定的工资标准，能够认定为双方变更了合同约定的工资标准的，以实际发放的工资标准作为加班费的计算基数。	《北京市高级人民法院、北京市劳动人事争议仲裁委员会关于印发〈审理劳动争议案件法律适用问题的解答〉的通知》（京高法发〔2017〕142号）

（续表）

国家或城市	相关规定	文件
北京	（3）劳动合同没有明确约定工资数额，或者合同约定不明确时，应当以实际发放的工资作为计算基数。用人单位按月直接支付给职工的工资、奖金、津贴、补贴等都属于实际发放的工资，具体包括国家统计局《〈关于工资总额组成的规定〉若干具体范围的解释》中规定"工资总额"的几个组成部分。加班费计算基数应包括"基本工资""岗位工资"等所有工资项目。不能以"基本工资""岗位工资"或"职务工资"单独一项作为计算基数。在以实际发放的工资作为加班费计算基数时，加班费（前月）、伙食补助等应当扣除，不能列入计算基数范围。国家相关部门对工资组成规定有调整的，按调整的规定执行。 （4）劳动者的当月奖金具有"劳动者正常工作时间工资报酬"性质的，属于工资组成部分。劳动者的当月工资与当月奖金发放日期不一致的，应将这两部分合计作为加班费计算基数。用人单位不按月、按季发放的奖金，根据实际情况判断可以不作为加班费计算基数。 （5）在确定职工日平均工资和小时平均工资时，应当按照原劳动和社会保障部《关于职工全年月平均工作时间和工资折算问题的通知》规定，以每月工作时间为21.75天和174小时进行折算。 （6）实行综合计算工时工作制的用人单位，当综合计算周期为季度或年度时，应将综合计算周期内的月平均工资作为加班费计算基数。	

264

（续表）

国家或城市	相关规定	文件
	第十七条　计算加班工资的基数不得低于劳动者所在岗位应得的工资报酬；若低于本市最低工资标准，则以本市最低工资标准作为基数。国家机关、社会团体的加班工资基数以本人基本工资为基数	《天津市工资支付规定》（津劳局〔2003〕440号）
天津	33.〔加班费基数〕用人单位与劳动者约定了加班费计算基数，且不低于最低工资标准的，从其约定。用人单位与劳动者未约定加班费计算基数的，应按照劳动者应得工资难以确定的，以劳动者主张权利或者劳动关系解除、终止前12个月的平均工资（含奖金）作为计算加班费的基数。月平均工资指劳动者在法定工作时间内提供正常劳动后应得的月工资收入。双方对月平均工资有约定且不低于最低工资标准的，从其约定；没有约定或者约定不明的，按照《中华人民共和国劳动合同法》第十八条的规定仍然不能确定月平均工资的，应当按照劳动者应得的月收入扣除法定福利待遇、用人单位可自行决定给付的福利待遇以及非工资性补贴（如冬季取暖补贴、集中供热补贴、防暑降温费、上下班交通补贴、洗理卫生费福利、托儿补助费、计划生育生育补贴等）确定，低于最低工资标准的以最低工资标准计算	《天津市高级人民法院关于印发〈天津法院劳动争议案件审理指南〉的通知》（津高法〔2017〕246号）

（续表）

国家或城市	相关规定	文件
天津	第六条 用人单位应当与劳动者在劳动合同中对劳动报酬、加班加点工资计算基数进行明确约定。第七条 劳动合同对劳动报酬及加班工资计算基数约定不明确，引发争议的，用人单位与劳动者可以重新协商；协商不成的，适用集体合同规定；没有集体合同或者集体合同未规定劳动报酬的，实行同工同酬；没有集体合同或者集体合同未规定加班加点工资计算基数的，以应得工资扣除加班加点工资后的数额作为加班加点工资计算基数	《天津市人力资源和社会保障局关于印发天津市贯彻落实〈劳动合同法〉若干问题实施细则的通知》（津人社规字〔2018〕14号）
广州	第六条 双方当事人约定加班工资基数的，按照约定处理；劳动合同没有约定加班工资计算基数但约定标准工资的，按劳动合同约定的标准工资作为加班工资计算基数；劳动合同约定有标准工资（基本）工资的计算基数，其中不得将加班工资重复算入加班工资，且加班工资数不得低于当地最低工资标准。加班工资的计算基数且实发工资中未明确具体工资构成的，劳动合同既没有约定标准工资也没有约定实发工资中未明确和双方当事人对此长期末提出异议，可以参照当地同行业同岗位工资收入水平和双方当事人劳动习惯确定加班工资计算基数，但该加班工资计算基数不得低于当地最低工资标准	《广州中院关于审理劳动争议案件的参考意见》（2009年10月）

（续表）

国家或城市	相关规定	文件
	第四条　本条例所称正常工作时间工资，是指员工在正常工作时间内为用人单位提供正常劳动应得的劳动报酬。正常工作时间工资由用人单位和员工按照公平合理、诚实信用的原则在劳动合同中依法约定，约定的正常工作时间工资不得低于市政府公布的最低工资标准	《深圳市员工工资支付条例》（深圳市第四届人大常委会公告第118号）
深圳	六十一、用人单位依据《劳动法》第四十四条的规定应向劳动者支付加班工资的，劳动者的加班工资计算基数应为正常工作时间工资；用人单位与劳动者约定奖金、津贴、补贴等项目不属于正常工作时间工资的，从其约定。但约定的正常工作时间工资低于当地最低工资标准的除外。 　　双方在劳动合同中约定了计发加班工资基数标准或从工资表中可看出计发加班工资基数标准，而用人单位也确实按照该标准计发了劳动者加班工资，并据此制作工资表，该工资表亦经劳动者签名确认的，只要双方约定的计算基数不低于最低工资标准，即可认定双方已约定该计发加班工资计算基数。用人单位根据此计算基数计发给劳动者的工资符合法律规定的加班工资计算标准的，应认定用人单位已足额支付了加班工资	《深圳市中级人民法院关于审理劳动争议案件的裁判指引》（2015）

267

（续表）

国家或城市	相关规定	文件
苏州	第六十四条　本条例第二十条用于计算劳动者加班加点工资的标准，第二十四条、第二十八条、第二十九条、第三十条用于计算劳动者提供正常劳动支付的标准，第二十六条用于计算不予支付月工资的标准应当按照下列原则确定： （一）用人单位与劳动者双方有约定的，从其约定； （二）双方没有约定的，或者双方的约定标准低于集体合同或者本单位工资支付制度标准的，按照集体合同或者本单位工资支付制度执行； （三）前两项均无法确定工资标准的，按照劳动者前十二个月平均工资计算，其中劳动者实际工作时间不满十二个月的按实际月平均工资计算	《江苏省工资支付条例》（江苏省第十届人民代表大会常务委员会公告第85号）
	第四章第三款第（二）项关于加班工资的计算基数同问题规定： 1. 加班工资的计算基数按照《江苏省工资支付条例》第64条的规定执行： （1）用人单位与劳动者约定了加班工资的计算基数的，从其约定； （2）双方约定标准低于集体合同或本单位工资支付标准，或者低于当地最低工资标准的，按其中最高的标准执行； （3）双方没有约定加班工资计算基数的，如果集体合同或者本单位工资支付制度中有规定，则按其执行；	《江苏省高级人民法院劳动争议案件审理指南》（2010）

（续表）

国家 或 城市	相关规定	文件
	（4）在用人单位与劳动者无任何工资约定的情形下，应根据劳动者主张权利或劳动关系结束前12个月工资（低于最低工资标准以最低工资标准计算）计算月平均工资作为计算该劳动者加班工资的基数，劳动者实际工作时间不满十二个月的按照实际月平均工资计算。	
苏州	2. 劳动者月平均工资的认定 在用人单位与劳动者未约定加班工资计算基数的情形下，应当以劳动者的月平均工资为计算加班工资的基数。月平均工资是指劳动者在法定工作时间内提供正常劳动后应得的月工资收入，不包括用人单位可自行决定给付的福利以及非工资性补贴（如上下班交通补贴、洗理卫生费福利、托儿补助费、计划生育补贴、冬季取暖补贴、防暑降温费等）。关于提成或奖金是否纳入加班工资的基数，需要审查双方约定的提成或奖金是否建立在固定时间内，如果没有明确在固定工作时间内，则应当纳入加班工资的计算基数；如果是建立在固定时间内的，应当不纳入加班工资的计算基数，以避免用人单位以提成或奖金的名义未减少加班工资的给付数额	

（续表）

国家或城市	相关规定	文件
宁波	九、关于加班加点工资的计发问题 （一）单位安排职工加班加点的，应当以劳动合同规定的职工本人所在的岗位（职位）相对应的工资标准为加班加点工资的计发基数。 （二）执行上款规定有困难的单位，安排职工加班加点的，以下列标准计发加班加点工资。 1. 实行岗位技能工资制的单位，以职工本人的岗位工资与技能工资之和为加班加点工资计发基数； 2. 实行其他工资制度的单位，以上月职工正常工作情况下的工资收入（不包括奖金和物价补贴）为计发口径。对于难以划分工资、奖金、物贴等项的企业，以职工上月实得工资的70%为计发口径。 （三）加班加点工资的计发基数低于全省最低工资标准的，按全省最低工资标准为计发基数。 （四）计发加班加点工资时的日工资，按加班加点上月人计发口径工资除以月法定工作天数（实行每周五天半工作制的为23.5天，实行每周五天工作制的为21.5天）计算；小时工资按日工资除以月法定工作天数（实行每周五天半工作制的为21.5天，实行每周五天工作制的除以月法定休假日八小时计算。 （五）单位支付的加班加点工资，不包括支付给职工的正常工资报酬。（举例：某职工在法定休假日加班一天，日工资为10元，加班工资应为不低于10元×300%＝30元。）	《浙江省劳动厅关于全面实行劳动合同制度若干问题处理意见的通知》（浙劳政〔1995〕103号）

（续表）

国家或城市	相关规定	文件
	（六）休息日加班应先予安排同等时间的补休。不能安排补休的，给予不低于正常工作时间工资报酬200%的加班工资。 （七）单位因生产经营需要安排加班加点的，应由法定代表人或其委托的其他管理人员提出具体的加班加点时间和人数，然后经与工会和职工协商后进行	
宁波	38. 加班工资和依据《劳动合同法》第八十二条规定加付的一倍工资的计算以职工所在的岗位（职位）相对应的标准工资为基数。 前款标准工资难以确定的，按以下方式确定计算基数： （1）劳动合同有约定的，按劳动合同约定的工资为基数； （2）劳动合同没有约定的，实行岗位技能工资制的单位，以职工本人的岗位工资与技能工资之和为基数； （3）岗位、技能工资难以确定的，以上月职工正常工作情况下的工资为基数，同时应扣除绩效、奖金和物价补贴；难以确定的，以上月实得工资的70%为基数。 上述计发基数低于当地最低工资标准的，按当地最低工资标准为计发基数。	《浙江省劳动争议仲裁委员会关于印发关于劳动争议案件处理若干问题的指导意见（试行）》（浙仲通知〔2009〕2号）

271

（续表）

国家或城市	相关规定	文件
	29.《劳动合同法》中规定的经济补偿金及二倍工资计算基数按照劳动者正常工作状态下十二个月的应得工资计算，即未扣除社会保险费、税费等之前的当月工资总额，但不应包括：（一）加班工资；（二）非常规性奖金、津补贴、福利。	《四川省高级人民法院民事审判第一庭关于印发〈关于审理劳动争议案件若干疑难问题的解答〉的通知》（川高法民一〔2016〕1号）
成都	35. 用人单位与劳动者在劳动合同中约定了加班费计算基数的，从其约定；劳动合同没有约定的，按照集体合同约定的加班工资基数确定；劳动合同、集体合同均未约定的，按照本意见第29条确定。 依照前款确定的加班工资基数不得低于当地规定的最低工资标准	

（续表）

国家或城市	相关规定	文件
	关于企业职工加班加点工资计算基数和婚假、丧假、探亲假、年休假期间的工资支付标准，劳动合同有约定的，从其约定；劳动合同没有约定的，按照集体合同约定的标准确定；用人单位与劳动者无约定的，按照该劳动者加班加点发生前或休假前12个月的平均工资确定，其中劳动者在该用人单位实际工作时间不满12个月的，按照实际月平均工资确定；用人单位与劳动者未约定工资支付标准，也未实际发放工资的，按该用人单位相同岗位人员同期平均工资确定	《重庆市劳动和社会保障局关于企业职工加班加点工资计算基数等有关问题的通知》（渝劳社办发〔2006〕124号）
重庆	一、关于加班加点工资计算基数和假期工资标准的问题 用人单位执行《关于加班加点工资计算基数等有关问题的通知》（渝劳社办发〔2006〕124号），其职工加班加点工资计算基数和假期工资支付标准不得低于当地最低工资标准。生产经营正常、经济效益增长的企业，原则上不得以最低工资标准作为加班加点工资标准计算基数和假期工资标准	《重庆市劳动和社会保障局等有关于工工资等有关问题处理意见的通知》（渝劳社办发〔2008〕65号）

273

（续表）

国家或城市	相关规定	文件
西安	本条例所称工资，是指用人单位以货币形式支付给劳动者的劳动报酬。工资不包括用人单位负担的社会保险费用、职工福利费用、职工教育费用、劳动保护费用、职工住房费用、用人单位与劳动者解除劳动关系时支付的一次性补偿费用和法律、法规规定的其他不属于工资的费用	《陕西省企业工资支付条例》（陕西省人民代表大会常务委员会公告第16号）

附表 4　住房公积金的相关规定

城市	相关规定	文件
上海	2019年度职工本人和单位住房公积金缴存比例为各5%～7%（取整数值），单位可以在上述比例范围内，自主确定住房公积金具体缴存比例。 职工本人和单位补充住房公积金缴存比例为各1%～5%（取整数值），具体比例由各单位根据实际情况确定。符合规定情形的企业，可按照相关规定，申请相关缴存比例或缓缴	《关于2019年度上海市调整住房公积金缴存基数、比例以及月缴存额上下限的通知》（沪公积金管委会〔2019〕1号）
北京	2019年，各类缴存单位缴存比例为5%～12%，缴存单位根据自身经济情况，在5%～12%缴存比例范围内自主确定	《关于印发2019年住房公积金归集使用计划的通知》（京房公积金管委办〔2019〕5号）
天津	国家机关、事业单位及其职工，仍按各12%的比例缴存住房公积金；其他缴存单位及其职工，在5%～12%间自主确定单位和职工的缴存比例；生产经营困难单位，可以申请将缴存比例降低至5%以下或缓缴住房公积金	关于印发《2019年住房公积金缴存额调整操作规定》的通知（津公积金中心发〔2019〕62号）
广州	住房公积金缴存比例由单位和职工个人自行选择，不低于5%，不高于12%。同一单位在同一缴存年度内（当年7月1日至次年6月30日）原则上只能选定一个单位缴存比例，缴存比例应当等于或高于单位缴存比例1%的整数数倍。生产经营困难的企业，可申请降低缴存比例（低于5%）或者缓缴	《广州市住房公积金缴存管理办法》（穗公积金中心规字〔2018〕4号）

275

（续表）

城市	相关规定	文件
深圳	单位及职工的住房公积金缴存比例下限各为5%，上限各为12%。单位可以根据自身实际情况在规定的缴存比例下限和上限区间内自行选择合适的缴存比例。缴存住房公积金确有困难的单位，可按本市相关政策规定降低缴存比例（低于5%）或缓缴申请，待单位效益好转后，再提高缴存比例或补缴缓缴的住房公积金	《深圳市住房公积金管理中心关于做好2019年度住房公积金缴存基数和缴存比例调整工作的通知》
苏州	各类企业、民办非企业单位、社会团体等缴存比例仍为单位和职工各5%～12%。未达到上限比例的，可以继续调整	《关于开展苏州市2019年度住房公积金缴存基数调整的通知》（苏公积规〔2019〕1号）
宁波	缴存单位和职工按5%～12%的比例计算住房公积金月缴存额（同一单位职工适用同一缴存比例），缴存额见见角，分进元；生产经营困难的企业，可以申请暂缓缴存住房公积金	《关于调整宁波市市区2019年度住房公积金缴存基数的通知》
成都	住房公积金缴存单位应在5%～12%的范围内，确定单位住房公积金缴存比例和职工工住房公积金缴存比例。民营企业有住房公积金差异化比例缴存需求的，可向公积金中心提出申请，按规定办理相关业务	《成都市住房公积金管理委员会关于2019年成都住房公积金缴存基数执行标准的通知》及《成都住房公积金差异化比例缴存基数执行标准的通知》及公积金委〔2019〕5号》

276

（续表）

城市	相关规定	文件
重庆	单位和职工住房公积金缴存比例下限分别为 5%，上限分别为 12%	《住房公积金管理条例（2019修正）》、《重庆市住房公积金管理办法》（渝住改发〔1994〕05号）
西安	单位和职工住房公积金缴存比例下限分别为 5%，上限分别为 12%。单位可在规定的缴存比例上下限区间内自主确定缴存比例，生产经营困难的企业，经职工代表大会或工会讨论通过，可申请缓缴	《西安住房公积金管理委员会关于调整2019年度住房公积金缴存基数的通知》

附表5 社平工资的相关规定

城市	本关规定	文件
上海	2018年，上海市城镇单位就业人员平均工资为105 176元/年（8 765元/月）	《关于本市人社领域涉及2018年度城镇单位就业人员平均工资相关事项的说明》（2019年6月21日发布）
北京	北京市人力社保局发布本市2018年全口径城镇单位就业人员平均工资94 258元	《北京市人社局：2018年本市全口径城镇单位就业人员平均工资情况》（2019年5月30日发布）
	北京市统计局发布2018年本市城镇非私营单位就业人员年平均工资为145 766元，比2017年增加14 066元，增长10.7%	资料来源：北京人社局网站
	城镇私营单位就业人员年平均工资76 908元，比2017年增加6 170元，增长8.7%	资料来源：北京人社局网站
天津	2018年度天津市职工年平均工资为70 452元，月平均工资为5 871元；用于计发基本养老保险待遇的在岗职工年平均工资为90 480元，月平均工资为7 540元	《市人社局市医保局市税务局关于2018年度全市职工平均工资及2019年度工资福利和社会保险缴费基数标准有关问题的通知》（津人社局发〔2019〕16号）

（续表）

城市	本关规定	文件
广州	2018年，广州市城镇非私营单位就业人员年平均工资109 879元，同比名义增长12.7%，扣除物价因素，实际增长10.1%；其中，在岗职工年平均工资为111 839元，同比名义增长13.4%，扣除物价因素，实际增长10.7%。2018年，广州市城镇私营单位就业人员年平均工资为66 719元，同比名义增长8.9%，扣除物价因素，实际增长6.4%	《2018年广州市城镇非私营和私营单位就业人员年平均工资情况》（2019年6月28日发布）
深圳	经国家统计局和广东省统计局核定反馈，深圳市2018年城镇非私营单位就业人员年平均工资为110 304元，同比增长11.3%。其中，城镇非私营单位在岗职工年平均工资为111 709元，同比增长11.5%。扣除物价因素，我市2018年城镇非私营单位就业人员、在岗职工年平均工资实际分别增长8.3%、8.5%	《2018年深圳市城镇非私营单位就业人员年平均工资数据公报》（2019年5月30日发布）
苏州	2018年度苏州市城镇非私营单位从业人员年平均工资为94 124元；2018年度苏州市城镇私营单位从业人员年平均工资为58 333元	《关于通报2018年苏州市城镇单位从业人员平均工资函》（苏统函〔2019〕15号）
宁波	根据2018年劳动工资年报，2018年宁波市全部单位在岗职工（含劳务派遣）平均工资为70 780元，比上年增长7.9%	《2018年宁波市全部单位在岗职工平均工资统计公报》（2019年6月13日发布）

279

（续表）

城市	本表规定	文件
成都	2018年成都市城镇全部单位就业人员平均工资为71 300元，比上年增加6 202元，增长9.5%，扣除物价因素，实际增长8%。城镇非私营单位就业人员平均工资为85 993元，比上年增加8 488元，增长11%；其中，城镇非私营单位在岗职工平均工资为88 011元，比上年增加8 719元，增长11%	《成都市统计局关于2018年全市城镇全部单位就业人员平均工资公告》（2019年5月24日发布）
重庆	2018年全市城镇非私营单位就业人员年平均工资为78 928元，与2017年的70 889元相比，增加了8 039元，同比名义增长11.3%，增速比2017年加快3.1个百分点。其中，在岗职工年平均工资81 764元，同比名义增长11.6%，增速加快2.9个百分点。扣除物价因素，2018年全市城镇非私营单位就业人员平均工资实际增长9.2%	资料来源：重庆统计信息网
	2018年重庆市城镇私营单位就业人员年平均工资为52 558元，与2017年的50 450元相比，增加了2 108元，同比名义增长4.2%，增速比2017年回落2.4个百分点。扣除物价因素，2018年重庆市城镇私营单位就业人员平均工资实际增长2.1%	资料来源：重庆统计信息网
西安	2018年西安市城镇非私营单位就业人员年平均工资为83 821元，与2017年的75 262元相比，增加了8 559元，同比名义增长11.4%，增幅与2017年相比回落0.5个百分点。其中，在岗职工（含劳务派遣）年平均工资87 125元，同比名义增长12.0%，增幅提升0.3个百分点。扣除物价因素，2018年全市城镇非私营单位就业人员年平均工资实际增长9.3%	资料来源：西安市统计局

附表 6　医疗期的相关规定

城市	相关规定	文件
上海	一、医疗期是指劳动者患病或者非因工负伤停止工作治病休息，用人单位不得因此解除劳动合同的期限。 二、医疗期按劳动者本用人单位的工作年限设置。劳动者在本单位工作第 1 年，医疗期为 3 个月；以后工作每满 1 年，医疗期增加 1 个月，但不超过 24 个月。 三、劳动者经劳动能力鉴定委员会鉴定为完全丧失劳动能力但不符合退休、退职条件的，应当延长医疗期。延长的医疗期由用人单位与劳动者具体约定，但约定延长医疗期与前条规定的医疗期合计不得低于 24 个月。 四、下列情形中关于医疗期的约定长于上述规定的，从其约定： （一）集体合同对医疗期有特别约定的； （二）劳动合同对医疗期有特别约定的； （三）用人单位内部规章制度对医疗期有特别规定的。 五、劳动者在本单位工作期间累计病休时间超过按照规定享受的医疗期，用人单位可以依法与其解除劳动合同。 六、本规定施行前已经履行的劳动合同，其医疗期按照当时本市的相关规定执行。 七、本规定自 2015 年 5 月 1 日起施行，有效期至 2020 年 6 月 30 日	《〈关于本市劳动者在履行劳动合同期间患病或者非因工负伤的医疗期标准的规定〉的通知》（沪府发〔2015〕40 号）

（续表）

城市	相关规定	文件
上海	**一、关于医疗期处理问题** 《上海市劳动合同条例》实施后续订的劳动合同，按照《上海市人民政府关于发布〈关于本市劳动者在履行劳动合同期间患病或者非因工负伤的医疗期标准的规定〉的通知》（沪府发〔2002〕16号）确定医疗期。确定医疗期，但劳动者享受医疗期的起始时间应从通知之日起算	《〈上海市劳动合同条例〉若干问题的通知（三）》（沪劳保关发〔2005〕36号）
	16.劳动者患病或者非因工负伤超过规定医疗期仍不能上班工作的，用人单位可以按超过停工医疗期规定解除劳动合同	《〈上海市劳动合同条例〉若干问题的通知》（沪劳保关发〔2002〕13号）
	根据上海市人民政府《关于本市劳动者在履行劳动合同期间患病或者非因工负伤的医疗期标准的规定》精神，医疗期按劳动者在本单位的工作年限设置，劳动者在本单位工作期间累计病休时间超过按规定享受医疗期的，用人单位可以依法与其解除劳动合同	《〈关于本市劳动者在履行劳动合同期间患病或者非因工负伤的医疗期标准的规定〉的有关意见》（沪劳保关发〔2002〕28号）

（续表）

城市	相关规定	文件
上海	第十五条 临时工患病或非因工负伤的停工医疗期限，按其在本企业工作的时间确定：工作时间在三个月以内的，累计停工医疗期为一个月；工作时间在三个月至六个月的，累计停工医疗期为二个月；工作时间在六个月以上的，累计停工医疗期为三个月。临时工的医疗待遇，参照合同制工人的医疗待遇确定；病假工资按百分之七十发给。工作时间在半年以上、停工医疗期满尚未痊愈而被解除劳动合同的，企业应根据其伤病状况一次性发给相当于本人一至三个月工资的医疗补助费	《上海市企业临时工管理实施办法》（上海市人民政府令第20号）
北京	第三条 企业职工因患病或非因工负伤，需要停止工作医疗时，根据本人实际参加工作年限和在本单位工作年限，给予三个月到二十四个月的医疗期：（一）实际工作年限十年以下的，在本单位工作年限五年以下的为三个月；五年以上十年以下的为六个月。（二）实际工作年限十年以上的，十年以上十五年以下的为九个月；十五年以上二十年以下的为十二个月；二十年以上二十五年以下的为十八个月；二十五年以上的为二十四个月	《〈企业职工患病或非因工负伤医疗期规定〉的通知》（劳部发〔1994〕479号）
	一、医疗期的具体计算方法是：自职工病休之日起开始计算，在规定的时间内累计病休时间达到规定医疗期时限的视为医疗期满。连续病休的，其节假日按病休日计算。二、对于身患难以治疗疾病的职工，其医疗期满企业可以根据实际情况适当延长	《关于发布〈企业职工患病或非因工负伤医疗期规定〉的通知》（京劳险发〔1995〕109号）

283

（续表）

城市	相关规定	文件
天津	第三条 企业职工因患病或非因工负伤，需要停止工作医疗时，根据本人实际参加工作年限和在本单位工作年限，给予三个月到二十四个月的医疗期：（一）实际工作年限十年以下的，在本单位工作年限五年以下的为三个月；五年以上的为六个月。（二）实际工作年限十年以上的，在本单位工作年限五年以下的为六个月；五年以上十年以下的为九个月；十年以上十五年以下的为十二个月；十五年以上二十年以下的为十八个月；二十年以上的为二十四个月	《〈企业职工患病或非因工负伤医疗期规定〉的通知》（劳部发〔1994〕479号）
广州	第四章第五款关于医疗期的规定： （一）职工因患病或非因工负伤，经县级以上医院诊断需要停止工作医疗时，根据本人实际参加工作年限和在本单位工作年限，给予三个月到二十四个月的医疗期： 1. 实际工作年限十年以下的，在本单位工作年限五年以下的为三个月；五年以上的为六个月。 2. 实际工作年限十年以上的，在本单位工作年限五年以下的为六个月；五年以上十年以下的为九个月；十年以上十五年以下的为十二个月；十五年以上二十年以下的为十八个月；二十年以上的为二十四个月。 （二）在国家规定医疗期内，单位依照劳动合同的约定（或者集体合同的约定）支付病伤假期工资。 单位支付的病伤假期病假期工资不低于当地最低工资标准的百分之八十	《广东省用人单位用工管理规章制度（参考文本）》

（续表）

城市	相关规定	文件
深圳	第十八条 原劳动部《企业职工患病或非因工负伤医疗期规定》的医疗期计算有关问题 原劳动部《企业职工患病或非因工负伤医疗期规定》规定用人单位应给予3个月到24个月（3个月、6个月、9个月、12个月、18个月、24个月）的医疗期，上述医疗期分别按6个月、12个月、15个月、18个月、24个月、30个月内累计病休时间计算。上述医疗期的计算，可以参照最高人民法院《关于贯彻执行〈中华人民共和国民法通则〉若干问题的意见（试行）》第198条的规定，当事人约定期间不是以月的第一天起算的，一个月为三十日。即如果当同断休病假的第一天是以月的第一天起算的，则3个月病假为90日。如果职工不间断休3个月病假，医疗期应个月按三十日计算，则3个月病假为90日。如从5月1日开始不间断休3个月病假，医疗期应计至7月31日。如从5月11日开始起病休3个月病假，则应按90日确定，即医疗期至8月8止，而不是8月10日	《深圳市中级人民法院关于审理劳动争议案件相关法律适用问题的座谈纪要》（深中法〔2006〕88号）
苏州	第三条 企业职工因患病或非因工负伤，需要停止工作医疗时，根据本人实际参加工作年限和在本单位工作年限，给予三个月到二十四个月的医疗期： （一）实际工作年限十年以下的，在本单位工作年限五年以下的为三个月；五年以上的为六个月。 （二）实际工作年限十年以上的，在本单位工作年限五年以下的为六个月；五年以上十年以下的为九个月；十年以上十五年以下的为十二个月；十五年以上二十年以下的为十八个月；二十年以上的为二十四个月	《关于发布〈企业职工患病或非因工负伤医疗期规定〉的通知》（劳部发〔1994〕479号）

（续表）

城市	相关规定	文件
	十三、《劳动部关于贯彻〈企业职工患工伤病或非因工负伤医疗期规定〉的通知》（劳部发〔1995〕236号）规定："对某些患特殊疾病（如癌症、精神病、瘫痪等）的职工，在24个月内尚不能痊愈的，经企业和劳动主管部门批准，可以适当延长医疗期。"该规定是否可以理解为患上述特殊疾病的职工无须考虑其工作年限而直接给予24个月医疗期？ 答：该规定指职工根据实际参加工作年限和在本单位工作年限确定医疗期，该医疗期满后尚不能痊愈的情况下，可以申请延长，并不意味着患有上述特殊疾病的职工的医疗期当然为24个月。	《浙江省高级人民法院民事审判第一庭、浙江省劳动人事争议仲裁院关于印发〈关于审理劳动争议案件若干问题的解答（四）〉的通知》
宁波	第三条 企业职工因患病或非因工负伤，需要停止工作医疗时，根据本人实际参加工作年限和在本单位工作年限，给予三个月到二十四个月的医疗期： （一）实际工作年限十年以下的，在本单位工作年限五年以下的为三个月；五年以上的为六个月。 （二）实际工作年限十年以上的，在本单位工作年限五年以下的为六个月；五年以上十年以下的为九个月；十年以上十五年以下的为十二个月；十五年以上二十年以下的为十八个月；二十年以上的为二十四个月	《发布〈企业职工患病或非因工负伤医疗期规定〉的通知》（劳部发〔1994〕479号）

（续表）

城市	相关规定	文件
宁波	一、关于本单位工作年限的确定问题。 1. 因组织委派的，以及复员退伍军人、军转干部首次与单位建立劳动关系的，在确定医疗期时，按国家规定的连续计算工龄应视作本单位工作年限。 2. 因企业合资、合并、兼并或者分立，与职工解除劳动合同并随即与新单位签订劳动合同的，在确定医疗期时，职工在原单位的工龄应视作本单位工作年限。 …… 三、关于特殊疾病延长医疗期的审批问题。 某些患特殊疾病的职工，医疗期满尚未治愈确需延长医疗期的，市、县，由企业提出意见，报社会保险管理机构批准。市、县，未实行医疗保险制度改革的，由所在的企业批准。 四、农民合同制工人因病或非因工负伤的医疗期和病假工资按劳劳部发〔1994〕479号文和本通知的有关规定执行。其他的保险福利待遇仍按国务院第87号令、省人民政府第48号令执行。 临时工因病或非因工负伤的医疗期以及有关的待遇仍按国务院第41号令、省人民政府第10号令执行。 五、本通知从一九九六年一月一日起执行。本通知执行时正在医疗期中的劳动合同制工人，已执行的医疗期应与劳动部发〔1994〕479号文件规定的医疗期连续计算	《关于转发劳动部〈企业职工患病或非因工负伤医疗期规定〉的通知》（浙劳险〔1995〕231号）

287

（续表）

城市	相关规定	文件
成都	第三条 企业职工因患病或非因工负伤，需要停止工作医疗时，根据本人实际参加工作年限和在本单位工作年限，给予三个月到二十四个月的医疗期： （一）实际工作年限十年以下的，在本单位工作年限五年以下的为三个月；五年以上的为六个月。 （二）实际工作年限十年以上的，在本单位工作年限五年以下的为六个月；五年以上十年以下的为九个月；十年以上十五年以下的为十二个月；十五年以上二十年以下的为十八个月；二十年以上的为二十四个月	《关于发布〈企业职工患病或非因工负伤医疗期规定〉的通知》（劳部发〔1994〕479号）

城市	相关规定	文件
重庆	第三条 企业职工因工患病或非因工负伤，需要停止工作医疗时，根据本人实际参加工作年限和在本单位工作年限，给予三个月到二十四个月的医疗期： （一）实际工作年限十年以下的，在本单位工作年限五年以下的为三个月；五年以上的为六个月。 （二）实际工作年限十年以上的，在本单位工作年限五年以下的为六个月；五年以上十年以下的为九个月；十年以上十五年以下的为十二个月；十五年以上二十年以下的为十八个月；二十年以上的为二十四个月	《关于发布〈企业职工患病或非因工负伤医疗期规定〉的通知》（劳部发〔1994〕479号）
	一、医疗期的计算。当年或跨年度病休，在6个月内累计达到3个月的，按达到3个月医疗期处理；在12个月内累计达到6个月的，按达到6个月医疗期处理；在15个月内累计达到9个月的，按达到9个月医疗期处理；在18个月内累计达到12个月的，按达到12个月医疗期处理；在24个月内累计达到18个月的，按达到18个月医疗期处理；在30个月内累计达到24个月的，按达到24个月医疗期处理	《关于贯彻执行〈重庆市企业职工病假待遇暂行规定〉若干问题的意见》的通知（渝劳办发〔2000〕233号）

（续表）

城市	相关规定	文件
西安	第三条 企业职工因工负伤或患病非因工负伤，需要停止工作医疗时，根据本人实际参加工作年限和在本单位工作年限，给予三个月到二十四个月的医疗期： （一）实际工作年限十年以下的，在本单位工作年限五年以下的为三个月；五年以上的为六个月。 （二）实际工作年限十年以上的，在本单位工作年限五年以下的为六个月；五年以上十年以下的为九个月；十年以上十五年以下的为十二个月；十五年以上二十年以下的为十八个月；二十年以上的为二十四个月	《关于发布〈企业职工患病或非因工负伤医疗期规定〉的通知》（劳部发〔1994〕479号）
	第十条 患病或非因工负伤的农民工，在本企业连续工作5年以下的，停工医疗期为3个月；在本企业连续工作5年以上的，每满1年增加停工医疗期1个月，但最长不得超过6个月。停工医疗期间的医疗待遇和病假工资与城镇合同制工人相同。停工医疗期满不能从事原工作而被解除劳动合同的农民工，在本企业连续工作满5年的，由企业发给相当本人月标准工资3个月的医疗补助费；在本企业连续工作5年以上的，每满1年加发相当于本人1个月标准工资的医疗补助费，但最多不得超过6个月标准工资。农民工供养的直系亲属不享受半费医疗待遇	《陕西省实施〈全民所有制企业招用农民合同制工人的规定〉办法》（陕西省人民政府令第13号）

附表 7　医疗期待遇的相关规定

名称	相关规定	相关文件
	四、职工疾病或非因工负伤连续休假在 6 个月以内的，企业应按下列标准支付疾病休假工资：连续工龄不满 2 年的，按本人工资的 60% 计发；连续工龄满 2 年不满 4 年的，按本人工资的 70% 计发；连续工龄满 4 年不满 6 年的，按本人工资的 80% 计发；连续工龄满 6 年不满 8 年的，按本人工资的 90% 计发；连续工龄满 8 年及以上的，按本人工资的 100% 计发。 职工疾病或非因工负伤连续休假超过 6 个月的，由企业支付疾病救济费，其中连续工龄不满 1 年的，按本人工资的 40% 计发；连续工龄满 1 年不满 3 年的，按本人工资的 50% 计发；连续工龄满 3 年及以上的，按本人工资的 60% 计发。 本人工资按职工正常情况下实得工资的 70% 计算。	《上海市劳动局关于加强企业职工疾病休假管理保障职工疾病休假期间生活的通知》（沪劳保发〔1995〕83 号）
上海	五、职工疾病或非因工负伤休假待遇低于本企业月平均工资 40% 的，应补足到本企业月平均工资的 40%。企业月平均工资的 40% 低于本市在职职工定期生活困难补助标准的，应补足到本市在职职工定期生活困难补助标准。 职工疾病或非因工负伤待遇高于本市上年度月平均工资的，可按本市上年度月平均工资计发	
	一、企业支付职工疾病休假期间的病假工资或疾病救济费不得低于当年本市企业职工最低工资标准的 80%。 二、企业职工疾病休假工资或疾病救济费最低标准不包括应由职工个人缴交的养老、医疗、失业保险费和住房公积金	《上海市劳动和社会保障局关于本市企业职工疾病休假工资或疾病救济费最低标准的通知》（沪劳保发〔2000〕14 号）

（续表）

名称	相关规定	相关文件
北京	第二十一条 劳动者患病或者非因工负伤的，在病休期间，用人单位应当根据劳动合同或集体合同的约定支付病假工资。用人单位支付病假工资不得低于本市最低工资标准的80%	《北京市工资支付规定》（2007修改）（北京市人民政府第200号）
天津	第二十五条 劳动者患病或非因工负伤治疗期间，在规定的医疗期内用人单位按有关规定支付其病假工资，用人单位支付劳动者病假工资不得低于本市最低工资标准的80%，国家机关、事业组织、社会团体中的劳动者病假工资按有关病假工资的规定执行	《天津市工资支付规定》的通知（津劳局〔2003〕440号）
广州	第二十四条　劳动者因病或者非因工负伤停止工作进行治疗，在国家规定医疗期内，用人单位应当依照劳动合同、集体合同的约定或者国家有关规定支付病伤假期工资。用人单位支付的病伤假期工资不得低于当地最低工资标准的百分之八十。法律、法规另有规定的，从其规定	《广东省工资支付条例》（广东省第十二届人民代表大会常务委员会公告第65号）

（续表）

名称	相关规定	相关文件
	第二十四条　劳动者因病或者非因工负伤停止工作进行治疗，在国家规定医疗期内，用人单位应当依照劳动合同、集体合同的约定或者国家有关规定支付病伤假期工资。用人单位支付的病伤假期工资不得低于当地最低工资标准的百分之八十。法律、法规另有规定的，从其规定	《广东省工资支付条例》（广东省第十二届人民代表大会常务委员会公告第65号）
深圳	第十九条　医疗补助费的有关问题 根据劳动部办公厅《关于对劳动部发〔1996〕354号文件有关问题解释的通知》（劳办发〔1997〕18号）规定，"劳动者患病或非因工负伤，合同期满终止劳动合同的，用人单位应当支付不低于六个月工资的医疗补助费"是指合同期满的劳动者终止劳动合同时，医疗期满或者医疗终结被劳动鉴定委员会鉴定为5～10级的，用人单位应当支付不低于六月工资；鉴定为1～4级的，应当办理退休、退职手续，享受退休、退职待遇	《深圳市中级人民法院关于审理劳动争议案件相关法律适用问题的座谈纪要》（深中法〔2006〕88号）

（续表）

名称	相关规定	相关文件
	59. 职工患病或非因工负伤治疗期间，在规定的医疗期内由企业按有关规定支付其病假工资或疾病救济费，病假工资或疾病救济费可以低于当地最低工资标准支付，但不能低于最低工资标准的80%	《关于贯彻执行〈中华人民共和国劳动法〉若干问题的意见》（劳部发〔1995〕309号）
苏州	第十五条第（五）款 享受医疗期或病假期间的职工、离岗休养的职工、学徒工、无用工单位的劳务派遣工的工资，按照实际收入计算	《关于印发〈江苏省居民最低生活保障工作规程〉的通知》（苏民规〔2012〕2号）
	第三十四条 劳动者患病或者非因工负伤，医疗期满后不能从事原工作，也不能从事由用人单位另行安排的适当工作的，用人单位可以依法解除、终止劳动合同，并给予经济补偿。劳动者经劳动能力鉴定委员会确认丧失或者部分丧失劳动能力的，用人单位还应当给予劳动者不低于本人六个月工资的医疗补助费。患重病或者绝症的还应当增加医疗补助费。患重病的增加部分不低于医疗补助费的百分之五十，患绝症的增加部分不低于医疗补助费的百分之百	《江苏省劳动合同条例》（2013修订）（江苏省第十一届人民代表大会常务委员会公告第124号）

名称	相关规定	相关文件
宁波	二、关于病假工资的计发问题 1. 职工因病或非因工负伤，病假在六个月以内的，按其连续工龄的长短发给病假工资。其标准为：连续工龄不满十年的，为本人工资（不包括加班加点工资、奖金、津贴、物价生活补贴，下同）的百分之五十；连续工龄满十年不满二十年的，为本人工资的百分之六十；连续工龄满二十年不满三十年的，为本人工资的百分之七十；连续工龄满三十年以上的，为本人工资的百分之八十。 职工因病或非因工负伤，连续病假在六个月以上的，按其连续工龄的长短改发疾病救济费。其标准为：连续工龄不满十年的，为本人工资的百分之四十；连续工龄满十年不满二十年的，为本人工资的百分之六十；连续工龄满二十年不满三十年的，为本人工资的百分之六十；连续工龄满三十年以上的，为本人工资的百分之七十。 2. 职工因病或非因工负伤病假期间，物价生活补贴计发问题： 职工因病或非因工负伤，在病假期间，物价补贴照发，如发生最低工资标准的病假工资与物价生活补贴之和低于当地最低工资标准百分之八十的，按当地最低工资费标准的，按当地城镇企业职工基本生活费标准发给 疾病救济费与物价生活补贴之和低于当地城镇企业职工基本生活费标准的，按当地城镇企	《关于转发劳动部〈企业职工患病或非因工负伤医疗期规定〉的通知》（浙劳险〔1995〕231号）

（续表）

名称	相关规定	相关文件
成都	59. 职工患病或非因工负伤治疗期间，在规定的医疗期间内由企业按有关规定支付其病假工资或疾病救济费，病假工资或疾病救济费可以低于当地最低工资标准支付，但不能低于最低工资标准的80%	《关于贯彻执行〈中华人民共和国劳动法〉若干问题的意见》（劳部发〔1995〕309号）
重庆	第四条 职工患病，医疗期内停工治疗在6个月以内的，其病假工资按以下办法计发： （一）连续工龄不满10年的，按本人工资的70%发给； （二）连续工龄满10年不满20年的，按本人工资的80%发给； （三）连续工龄满20年不满30年的，按本人工资的90%发给； （四）连续工龄满30年及其以上的，按本人工资的95%发给。 经济效益好的企业，可在上述标准的基础上上浮5%。经济效益差，难以达到上述标准的企业，经本企业职工大会或职工代表大会审议通过，可以适当下浮。下浮的比例一般不超过各个档次标准的5%。如情况特殊超过5%的，应报所在区县（自治县、市）劳动和社会保障行政部门批准。 第五条 职工患病，医疗期内停工治疗在6个月以上的，其病假工资按以下办法计发： （一）连续工龄不满10年的，按本人工资的60%发给； （二）连续工龄满10年不满20年的，按本人工资的65%发给； （三）连续工龄满20年及其以上的，按本人工资的70%发给	《重庆市企业职工病假待遇暂行规定》（渝府发〔2000〕47号）

（续表）

名称	相关规定	相关文件
西安	59. 职工患病或非因工负伤治疗期间，在规定的医疗期间内由企业按有关规定支付其病假工资或疾病救济费，病假工资或疾病救济费可以低于当地最低工资标准支付，但不能低于最低工资标准的80%	《关于贯彻执行〈中华人民共和国劳动法〉若干问题的意见》（劳部发〔1995〕309号）

附表 8　中夜班津贴的相关规定

城市	相关规定	文件	备注
上海	一、从事中班工作到二十二点以后下班的，中班津贴标准调整为二元二角。从事夜班工作到二十四点以后下班的，夜班津贴标准调整为三元四角。从事夜间连续工作十二小时的，夜间津贴标准调整为四元四角。二、五点前上班的早班职工的早餐补助费，调整为八角。三、常日班在夜间值班的，值班到二十二点以后，可发给二元二角。通宵值班不睡觉的，可发给三元四角。四、事业单位津贴提高部分所需的资金，仍由原渠道列支	《关于调整中、夜班等津贴标准的通知》（沪劳综发〔95〕7号）	上海市人社局：近年上海未调整中、夜班津贴标准，主要原因是国家人社部在《特殊工时管理规定（征求意见稿）》中提及了中夜班津贴制度，本市拟在国家规定颁布后，再制定具体实施办法和新标准。现阶段，我们可以通过企业工会提出有关诉求，要求企业开展集体协商，在工资专项集体合同中对有关中、夜班津贴标准进行协商提高
北京	地方无相关规定	地方无相关规定	—

（续表）

城市	相关规定	文件	备注
	第三条第九款　企业职工中班津贴和夜班津贴，以上年度全市职工日平均工资为基数计发。中班津贴按不低于5%的比例确定计发，夜班津贴按不低于10%的比例确定计发，计算时四舍五入保留到角	《批转市劳动和社会保障局等五部门关于建立全市职工平均工资发布及工资保险福利待遇正常调整制度暂行办法》（津政发〔2008〕17号）	—
天津	2019—2020年的标准：2019年7月1日起本市中班津贴执行每班13.5元的标准，夜班津贴执行每班27元的标准	《市人社局市医保局市税务局关于2018年度全市职工平均工资及2019年度工资福利和社保险缴费基数标准等有关问题的通知》（津人社局发〔2019〕16号）	—
广州	地方无相关规定	地方无相关规定	—
深圳	地方无相关规定	地方无相关规定	—

（续表）

城市	相关规定	文件	备注
苏州	三班制的中班津贴为5元、大夜班津贴为6元；两班制的夜班津贴为5元；常日班职工因生产（工作）需要，生产（工作）超过23点的发夜班津贴5元。在夜间（晚八时至次日晨七时之间）工作不足三小时的不发夜班津贴	《关于调整中、夜班津贴标准的通知》（苏劳薪〔1995〕23号、苏财工〔1995〕112号）	—
宁波	地方无相关规定	地方无相关规定	—
成都	地方无相关规定	地方无相关规定	—
重庆	地方无相关规定	地方无相关规定	—
西安	一、凡因生产工作需要，在二十时至次日八时、连续工作四小时以上的职工，可领取夜班津贴。二、夜班津贴标准。在二十四时以前上班的每人每班8～12元，零时以后上班的每人每班12～16元。其中：纺织、煤炭行业在二十四时以前上班的每人每班10～12元，零时以后上班的每人每班14～16元	《关于提高企业职工夜班津贴标准的通知》（陕人社发〔2010〕245号）	—

附表 9 最低工资的相关规定

名称	相关规定	文件
上海	从 2019 年 4 月 1 日起，本市调整最低工资标准。现就有关事项通知如下： 一、月最低工资标准从 2 420 元调整为 2 480 元。下列项目不作为月最低工资的组成部分，由用人单位另行支付：（一）延长工作时间的工资。（二）中夜班津贴、夏季高温津贴及有毒有害等特殊工作环境下的岗位津贴。（三）伙食补贴、上下班交通费补贴、住房补贴。（四）个人依法缴纳的社会保险费和住房公积金。 二、小时最低工资标准从 21 元调整为 22 元。小时最低工资不包括个人和单位依法缴纳的社会保险费。 三、月最低工资标准适用于全日制就业劳动者，小时最低工资标准适用于非全日制就业劳动者	《关于调整本市最低工资标准的通知》（沪人社规〔2019〕5 号）

（续表）

名称	相关规定	文件
北京	一、我市最低工资标准由每小时不低于12.18元、每月不低于2 120元，调整到每小时不低于12.64元、每月不低于2 200元。 下列项目不作为最低工资标准的组成部分，用人单位应按规定另行支付： （一）劳动者在中班、夜班、高温、低温、井下、有毒有害等特殊工作环境、条件下的津贴； （二）劳动者应得的加班、加点工资； （三）劳动者个人应缴纳的各项社会保险费和住房公积金； （四）根据国家和本市规定不计入最低工资标准的其它收入。 二、综合考虑本市降低社会保险费率和调整社保缴费基数等因素，非全日制从业人员小时最低工资标准确定为24元/小时，非全日制从业人员法定节假日小时最低工资标准确定为56元/小时。以上标准包括用人单位及劳动者本人应缴纳的养老、医疗、失业保险费。 三、实行计件工资形式的企业，要通过平等协商合理确定劳动定额和计件单价，保证劳动者在法定工作时间内提供正常劳动的前提下，应得工资不低于我市最低工资标准。 四、生产经营正常、经济效益持续增长的企业，原则上应高于最低工资标准支付劳动者在法定工作时间内提供劳动的工资；因生产经营困难确需以最低工资标准支付全体劳动者或部分岗位劳动者工资的，应当通过工资集体协商确定或经职工代表大会（或职工大会）讨论通过。 五、在劳动合同中约定由劳动者在完成劳动定额或承包任务的情况下，用人单位可低于最低工资标准支付劳动者工资的，在劳动合同中约定的劳动者工资不得低于最低工资标准。 六、上述各项标准适用于本市各类企、事业等用人单位。 七、本通知自2019年7月1日起执行	《关于调整北京市2019年最低工资标准的通知》（京人社劳发〔2019〕71号）

（续表）

名称	相关规定	文件
天津	一、天津市最低工资标准由每月1 950元，每小时11.2元，调整为每月2 050元，每小时11.8元。 二、非全日制用工劳动者最低小时工资标准由每人每小时19.5元，调整为每人每小时20.8元。 三、本通知自2017年7月1日起施行	《市人力社保局关于调整天津市最低工资标准的通知》（津人社局发〔2017〕59号）
广州	月最低工资标准为2 100/月，非全日制职工小时最低工资标准为20.3元/小时。2018年7月1日起开始执行	《广东省人民政府关于调整我省企业职工最低工资标准的通知》（粤府函〔2018〕187号）
深圳	月最低工资标准为2 200/月，非全日制职工小时最低工资标准为20.3元/小时。2018年7月1日起开始执行	《广东省人民政府关于调整我省企业职工最低工资标准的通知》（粤府函〔2018〕187号）

（续表）

名称	相关规定	文件
苏州	从2018年8月1日起调整我市最低工资标准。苏州市区、张家港市、常熟市、太仓市、昆山市均执行省一类地区月最低工资标准，由原1940元/月调整为2020元/月；非全日制用工小时最低工资标准，由原17元/小时调整为18.5元/小时。企业支付给顶岗实习学生的实习报酬和勤工助学学生的劳动报酬按照小时计酬，并不得低于当地非全日制用工小时最低工资标准	《关于调整苏州市最低工资标准的通知》（苏人保〔2018〕13号）
宁波	一、从2017年12月1日起，将我市最低月工资标准调整为2010元、1800元、1660元三档，非全日制工作的最低小时工资标准调整为18.4元、16.5元、15元三档。其中海曙区、江北区、镇海区、北仑区、鄞州区和宁波保税区、大榭开发区、宁波国家高新区、东钱湖旅游度假区最低月工资标准为2010元，非全日制工作的最低小时工资标准为18.4元。奉化区、余姚市、慈溪市、宁海县、象山县和宁波杭州湾新区应根据当地经济社会发展水平和居民生活水平，选择确定当地月最低工资标准和非全日制工作的最低小时工资标准，并报市人力社保局备案。 二、慈溪市、余姚市、宁波杭州湾新区最低月工资标准为1800元，非全日制工作的最低小时工资标准为16.5元。 三、象山县、宁海县、奉化区最低月工资标准为1660元，非全日制工作的最低小时工资标准为15元	《宁波市人民政府关于调整全市职工最低工资标准的通知》（甬政发〔2017〕80号）《慈溪市人民政府关于调整全市职工最低工资标准的通知》（慈政发〔2017〕71号）《宁海县人民政府关于调整全县职工最低工资标准的通知》（宁政发〔2017〕76号）、《象山县人民政府关于调整全县职工最低工资标准的通知》

（续表）

名称	相关规定	文件
成都	一、调整后全市月最低工资标准 （一）每月 1 780 元（每日 81.84 元）； （二）每月 1 650 元（每日 75.86 元）。 二、调整后全市非全日制用工小时最低工资标准 （一）每小时 18.7 元； （二）每小时 17.4 元。 三、各区（市）县辖区内具体适用的月最低工资标准和非全日制用工小时最低工资标准 （一）成都天府新区、成都高新区、锦江区、青羊区、金牛区、武侯区、成华区、龙泉驿区、青白江区、新都区、温江区、双流区、郫都区、新津县的月最低工资标准为每月 1 780 元（每日 81.84 元），非全日制用工小时最低工资标准为每小时 18.7 元； （二）简阳市、都江堰市、彭州市、邛崃市、崇州市、金堂县、大邑县、蒲江县的月最低工资标准为每月 1 650 元（每日 75.86 元），非全日制用工小时最低工资标准为每小时 17.4 元。 上述最低工资标准包含职工个人应缴纳的社会保险费和住房公积金，但不包括下列各项：加班加点工资，中班、夜班、高温、低温、井下、有毒有害等特殊工作条件或者特殊工作环境下的津贴，政策规定的非工资性劳动保险福利待遇，用人单位支付给劳动者的非货币性补贴。 本通知自 2018 年 7 月 1 日起执行	《成都市人民政府关于调整全市最低工资标准的通知》（成府发〔2018〕9 号）

（续表）

名称	相关规定	文件
重庆	具体标准 （一）万州区、黔江区、涪陵区、渝中区、大渡口区、江北区、沙坪坝区、九龙坡区、南岸区、北碚区、渝北区、巴南区、长寿区、江津区、合川区、永川区、南川区、綦江区、大足区、璧山区、铜梁区、潼南区、荣昌区、开州区、梁平区、武隆区等26个区及两江新区、万盛经开区职工最低月工资标准为1 800元/月，非全日制职工最低小时工资标准为18元/小时。 （二）城口县、丰都县、垫江县、忠县、云阳县、奉节县、巫山县、巫溪县、石柱县、秀山县、酉阳县、彭水县等12个县（自治县）职工最低月工资标准1 700元/月，非全日制职工最低小时工资标准为17元/小时。 上述标准自2019年1月1日起执行	《关于发布重庆市最低工资标准的通知》（渝人社发〔2018〕229号）

（续表）

名称	相关规定	文件
西安	一、最低工资标准地区类别调整情况 我市最低工资标准地区类别由四类区调整为二类、临潼区、长安区、高陵区由二类区调整到一类区、鄠邑区，周至县由三类区调整到二类区，蓝田县由四类区调整到二类区。 调整后我市各区县的最低工资标准地区类别为：新城区、碑林区、莲湖区、灞桥区、未央区、雁塔区、阎良区、临潼区、长安区、高陵区执行一类工资区标准；鄠邑区、蓝田县、周至县执行二类工资区标准。 二、调整后的最低工资标准情况 一类工资区：全日制用工最低工资标准为1 800元/月，非全日制用工最低工资标准为18元/小时。二类工资区：全日制用工最低工资标准为1 700元/月，非全日制用工最低工资标准为17元/小时。 三、执行时间 调整后的地区类别和标准从2019年5月1日起执行	《西安市人力资源和社会保障局关于调整西安市最低工资标准的通知》（市人社发〔2019〕1号）

307